UNIVERSITÉ DE PARIS — FACULTÉ DE DROIT

DU DROIT DE GARDE DANS LA PUISSANCE PATERNELLE

THÈSE POUR LE DOCTORAT

PAR

PAUL COMTE

AVOCAT A LA COUR D'APPEL

LAURÉAT DE LA FACULTÉ DE DROIT D'AIX

PARIS

LIBRAIRIE NOUVELLE DE DROIT ET DE JURISPRUDENCE

ARTHUR ROUSSEAU

ÉDITEUR

14, rue Soufflot, et rue Toullier, 13

1898

THÈSE

POUR LE

DOCTORAT

La Faculté n'entend donner aucune approbation ni improbation aux opinions émises dans les thèses ; ces opinions doivent être considérées comme propres à leurs auteurs.

UNIVERSITÉ DE PARIS — FACULTÉ DE DROIT

DU DROIT DE GARDE DANS LA PUISSANCE PATERNELLE

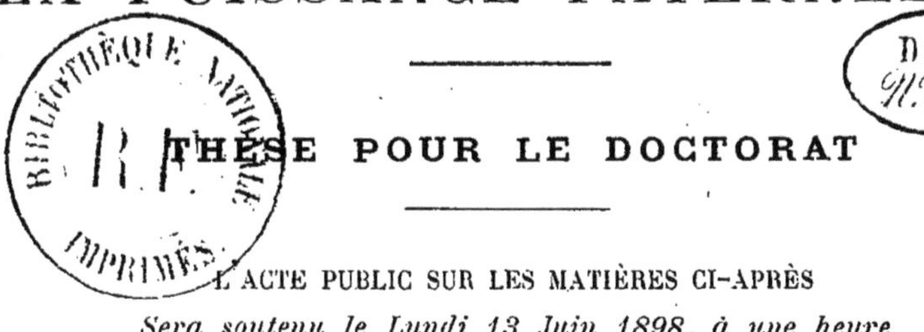

THÈSE POUR LE DOCTORAT

L'ACTE PUBLIC SUR LES MATIÈRES CI-APRÈS

Sera soutenu le Lundi 13 Juin 1898, à une heure

PAR

PAUL COMTE

AVOCAT A LA COUR D'APPEL

LAURÉAT DE LA FACULTÉ DE DROIT D'AIX

Président : M. MASSIGLI

Suffragants : { MM. BERTHÉLEMY, CHÉNON, } *professeurs.*

PARIS

LIBRAIRIE NOUVELLE DE DROIT ET DE JURISPRUDENCE

ARTHUR ROUSSEAU

ÉDITEUR

14, rue Soufflot, et rue Toullier, 13

1898

OUVRAGES CITÉS AVEC LA SEULE INDICATION DU NOM DE L'AUTEUR

—

Accarias. — *Précis de Droit romain.*

Aubry et Rau. — *Cours de Droit civil français.*

Barbier Em. — *Des effets du divorce à l'égard des enfants* (thèse).

Baudry-Lacantinerie. — *Précis de Droit civil.*

Beaumanoir. — *Coutumes de Beauvoisis*,— édit. Beugnot.

Bernard P. — *Histoire de la puissance paternelle en France.*

Boistel. — *Le droit de famille.*

Carpentier. — *Traité théorique et pratique du divorce.*

Chauveau et F. Hélie. — *Théorie du Code pénal.*

Chauvin Em. — *La puissance paternelle* (thèse).

Coulon H. — *Le divorce et la séparation de corps.*

Coulon et Faivre. — *Manuel et Formulaire du divorce et de la séparation de corps.*

Cuq. — *Institutions juridiques des Romains.*

Curet. — *Code du divorce.*

Delvincourt. — *Cours de Code Napoléon.*

Demante et Colmet de Santerre. — *Cours analytique du Code civil.*

Demolombe. — *Cours de Code civil.*

Denizart. — *Collection des décisions nouvelles et des notions relatives à la jurisprudence.*

Drucker. — *La protection des enfants maltraités et moralement abandonnés.*

Duranton. — *Cours de Droit français.*

Fonvieille. — *Du divorce. De la condition des enfants* (thèse).
Fustel de Coulanges. – *La cité antique.*
Gautier Alfred. — *Précis de l'Histoire du Droit français.*
Glasson. — *Histoire du Droit et des institutions de la France.*
Goirand L. — *Traité pratique du divorce.*
Guignot. — *Instruction sur le divorce.*
Huc. — *Commentaire théorique et pratique du Code civil.*
Klimrath. — *Travaux sur l'histoire du Droit français.*
Konigswarter. — *Travaux sur l'histoire du Droit.*
Laferrière. — *Histoire du Droit civil de Rome et du Droit français.*
Larombière. — *Théorie et pratique des obligations.*
Laurent. — *Principes de Droit civil.*
Leloir G. — *Code de la puissance paternelle.*
Locré. — *Esprit du Code civil.*
Marcadé et Paul Pont. — *Explication théorique et pratique du Code Napoléon.*
Massé et Vergé. — *Droit civil français de Zachariæ.*
Masselin. — *Mariage, divorce.*
Massol. — *De la séparation de corps.*
Proudhon et Valette. — *Traité sur l'état des personnes.*
Sourdat. — *Traité de la responsabilité.*
Taulier. — *Théorie raisonnée du Code civil.*
Toullier. — *Droit civil français.*
Viollet Paul. — *Précis de l'histoire du Droit français.*
Vraye et Gode. — *Le divorce et la séparation de corps.*

INTRODUCTION

Le droit de garde n'est autre chose que le droit qui appartient aux père et mère de retenir auprès d'eux leurs enfants pour les élever. Son importance est certaine, puisqu'il touche à l'organisation même de la famille et qu'il règle les rapports les plus étroits qui puissent exister, puisqu'il est enfin le lien légal qui rattache la personne de l'enfant à celle de ses auteurs.

Et cependant, il n'y a pas longtemps qu'on a compris tout l'intérêt qu'il renferme par la variété des questions qui se posent à son sujet et les difficultés nombreuses qu'il fait naître. Qu'on ne s'en étonne pas, il fallait, pour s'en apercevoir, des modifications profondes dans les mœurs. Plus la famille est forte et unie, moins il est nécessaire que des droits nettement définis règlent les rapports de ses membres : le respect et l'affection suffisent. Tout au moins ce besoin d'une législation détaillée ne se fait-il sentir que lorsque l'autorité paternelle est moins forte dans les mœurs que dans les lois : alors seulement chacun constate qu'il a des droits, des droits qui ont été lésés et qu'il doit pouvoir faire respecter. Un simple regard jeté sur l'histoire permet de vérifier l'exactitude de cette idée.

A Rome, tandis que la famille, à l'origine si solidement constituée, se désagrège peu à peu sous l'influence de différentes causes, nous voyons apparaître les lois de réglementation destinées soit à réprimer les abus en leur opposant de nouvelles digues, soit à céder aux mœurs en consacrant légalement leurs réformes. Si bien que par suite de ces transformations successives la législation primitive ne serait guère reconnaissable à l'époque de Justinien, si les Romains, respectueux à l'excès des traditions, n'avaient pas pris soin de conserver leurs lois anciennes tout en les modifiant profondément, en les paralysant pour mieux dire par des exceptions.

Dans l'ancien Droit français au contraire, les coutumes parlent à peine de la puissance paternelle sur la personne de l'enfant, et pourtant, il est certain qu'en fait le père avait un véritable pouvoir qu'on ne réglementait pas, parce qu'il n'était pas contesté dans la pratique. A la fin, quand des abus et des tiraillements se produisirent, l'arbitraire royal et l'intervention des parlements jugeant en équité vinrent en aide au père contre le fils, au fils contre le père et suppléèrent ainsi au silence des coutumes par des solutions d'espèces.

Examinons maintenant notre époque, voyons ce qui se passe autour de nous et rappelons-nous les mœurs des générations qui nous ont précédées, nous serons forcés de constater que les liens de la famille se sont singulièrement relâchés depuis le commencement du siècle ; la vie courante nous montre, chaque jour plus nombreux, les enfants et les parents également oublieux de leurs devoirs. D'où la nécessité de faire des lois pour protéger l'enfant et de se préoccuper davantage des droits que le Code civil a accordés aux parents.

Au premier rang de ces droits, est, selon nous, le Droit de garde que la fréquence des divorces met très souvent en question. Il faut avouer que son étude a été un peu négligée ; on ne s'en est guère occupé que d'une façon accessoire et il n'a fait l'objet d'aucun travail spécial. Pourtant cela aurait été, semble-t-il, à la fois intéressant et utile, surtout si l'on considère que les textes sont insuffisants sur beaucoup de points, que la pratique offre des espèces nombreuses et des difficultés multiples et qu'enfin la jurisprudence donne des solutions tantôt timides, tantôt erronées, souvent contradictoires et toujours variables.

Nous l'avons ainsi pensé et nous avons essayé de faire une théorie d'ensemble du Droit de garde en groupant les questions qui s'y rattachent et en dépendent.

NOTIONS GÉNÉRALES

SUR

LA PUISSANCE PATERNELLE

—

Avant d'aborder l'étude du droit de garde, il est indispensable que nous donnions quelques notions sommaires sur la puissance paternelle, dont il n'est qu'un des attributs. Dans le cours de ce travail, nous aurons trop souvent besoin de nous reporter aux principes généraux pour négliger de les établir d'une façon nette et précise.

I. — Droit naturel.

Les philosophes ont beaucoup écrit, beaucoup discouru sur la puissance paternelle, sur son fondement rationnel et sur sa nature.

Les uns, avec Montesquieu (1) et Hobbes (2), reprenant le principe des législations primitives con-

(1) *Esprit des lois,* liv. XXIII, ch. VII.

(2) Grotius. *Droit de la guerre et de la paix,* liv. II, ch. V, § 4.

servé et développé par le droit romain, ont reconnu au père, sur l'enfant, un véritable droit de propriété résultant de la génération. Mais notre esprit se refuse à admettre qu'un être humain ayant son individualité propre puisse être l'objet d'un pareil droit, dont la seule définition : *uti et abuti*, est la contradiction de l'idée de personnalité.

D'autres, avec Puffendorff (1), ont fait dériver cette puissance du consentement présumé de l'enfant. Opinion par trop hypothétique, qui n'a plus de base le jour où celui-ci, ayant une volonté, s'insurge contre l'autorité paternelle.

Pour Dupin (2), ce n'est ni en tant que père et mère, ni en tant qu'éducateurs que les parents ont des droits sur les enfants, c'est pour des raisons historiques. Le père, à l'origine souverain dans la famille, transmit, lors de la constitution des sociétés, ses pouvoirs au chef de l'État ; ce serait comme délégués de celui-ci que les parents auraient des droits. On ne peut approuver cette explication, dont la conséquence forcée est de donner pour fondement à la puissance paternelle le droit de l'État, et qui oublie, du reste, de nous dire quelle est la nature de ce droit.

Sans nous attarder à réfuter davantage ces systè-

(1) *Des devoirs de l'homme et du citoyen*, tit. II, ch. III.

(2) Dupin sur Burlamaqui. *Éléments de droit naturel*, ch. XIV.

mes aujourd'hui abandonnés, passons à une dernière opinion, qui est à peu près universellement admise.

Non, la puissance paternelle ne doit pas être instituée dans l'intérêt du père, ni dans celui de l'État, mais bien dans l'intérêt de l'enfant, car son essence est un devoir de protection envers celui-ci, au lieu d'un droit, devoir de protection qui incombe aux parents et résulte du fait de la génération.

C'est l'idée que Kant (1) a développée et qu'on peut ainsi résumer : la procréation par laquelle on engendre une personne sans son consentement impose l'obligation de lui rendre la meilleure possible l'existence qu'on lui a imposée. Les père et mère doivent donc nourrir, élever et diriger l'enfant jusqu'à ce qu'il soit en état de pourvoir lui-même à son existence ; l'enfant, en retour, n'a qu'un devoir de reconnaissance.

En donnant la vie, dit également M. Glasson (2), les parents contractent l'engagement d'élever l'enfant, de le diriger vers le bien.

Le devoir des parents, tel est le fondement de la puissance paternelle et les droits qu'ils pourront réclamer doivent avoir pour unique but de leur permettre l'accomplissement de ce devoir.

(1) *Eléments métaphysiques de la doctrine du droit*, part. I., chap. 2, sect. III, titre 2, §§. 28 et 29.

(2) *Eléments du droit français*, t. I. p. 232.

Nous ne pouvons résister au plaisir de citer cette belle page du savant jurisconsulte Laurent :

« L'enfant en naissant a son individualité, c'est-à-dire sa mission que Dieu marque dans les facultés dont il l'a doué. Son droit, et son droit sacré, inaliénable, c'est de développer ses facultés intellectuelles et morales : ce droit est aussi son devoir, sa mission. Dieu lui donne un protecteur, un guide pour diriger ses premiers pas dans la rude voie de l'éducation. Voilà le droit du père, disons mieux, voilà son devoir, car de droit proprement dit, il n'y en a pas. Le vrai droit est à l'enfant ; le père n'a que des devoirs (1). »

La puissance paternelle est en effet instituée dans l'intérêt de l'enfant ; sa base, c'est le droit de celui-ci d'être élevé et dirigé, sa nature, c'est un devoir de protection qui incombe aux parents, car Dieu, en les plaçant auprès de l'enfant, en leur donnant les sentiments d'affection qui leur font trouver légères les peines et les difficultés de leur tâche, a bien montré à qui il entendait que ce devoir d'éducation fût confié. Mais pour l'accomplir, il leur faut des droits, corrélatifs de leurs devoirs, sans lesquels ils se trouveraient désarmés en maintes occasions ; de là naît pour eux un droit d'éducation, c'est-à-

(1). *Droit civil*, t. IV, p. 346.

dire de préférence, qui leur permet d'écarter les tiers dans les cas où ceux-ci voudraient soit s'immiscer dans leur œuvre de direction, soit l'entraver, soit la leur enlever.

Au fond, c'est le seul droit de la puissance paternelle ; ceux qu'on leur attribue en outre ne sont, à vrai dire, que subsidiaires, ils sont destinés à permettre ou à faciliter son exercice. Il faut cependant mettre à part le droit d'administrer les biens de l'enfant qui est tout à fait distinct et séparé du droit de gouverner la personne ; il n'est pas de l'essence de la puissance paternelle et il en peut être détaché, car il se conçoit très bien exercé par un tiers, sans que le droit d'éducation en soit atteint.

Voyons donc le fonctionnement de ces différents droits attribués au père sur la personne de son enfant.

Nous trouvons d'abord un droit d'éducation proprement dit, ou en d'autres termes, un droit de direction morale, puisque c'est là le but de l'autorité paternelle. Mais, pour que les parents puissent l'exercer, il est indispensable qu'ils aient un autre droit, celui de conserver l'enfant auprès d'eux, de le placer là où ils le veulent, de se le faire rendre s'il est en d'autres mains, de le faire revenir s'il est en fuite : c'est le droit de garde.

D'autre part leur tâche est quelquefois difficile, il

faut qu'ils soient obéis et pour cela qu'ils puissent châtier l'enfant rebelle, ils auront un droit de correction.

Enfin quand ils jugent leur œuvre accomplie, quand ils pensent que celui-ci n'a plus besoin de leur direction et qu'au contraire l'indépendance lui sera plus profitable, on admet qu'ils doivent pouvoir renoncer à leur autorité : c'est le droit d'émancipation.

En résumé, le droit d'éducation est la base même de la puissance paternelle, le droit de garde en est la condition d'exercice, le droit de correction, la sanction et le droit d'émancipation, l'extinction volontaire.

Dans tout ceci nous ne nous sommes occupé que des rapports juridiques entre les parents et l'enfant, les seuls qui intéressent directement les lois civiles ; nous nous contentons de mentionner les rapports moraux, tels que les droits et les devoirs de respect, d'affection, de reconnaissance dont une législation doit tenir compte mais qu'elle est impuissante à sanctionner.

Les explications que nous avons données nous permettent de répondre aisément à cette question : à qui appartient la puissance paternelle. Nous n'avons qu'à remonter au principe posé et nous verrons qu'elle appartient aux deux auteurs qui ont collaboré dans l'acte de la génération, puisque c'est le point initial du raisonnement que nous avons suivi. Elle appartient à eux deux également et à eux seulement.

Et les autres ascendants, les aïeuls, dira-t-on, ne participent-ils pas à la puissance paternelle ? Non, répondons-nous sans hésiter. Ces droits naissent du devoir d'éducation, or, ils n'ont pas de devoir, ils ne peuvent pas en avoir, puisqu'il résulte d'un fait auquel ils sont restés étrangers, et qu'on ne pourrait par conséquent équitablement le leur imposer.

De nombreux auteurs font une distinction : ils leur refusent la puissance paternelle *stricto sensu*, celle que nous avons étudiée, et leur accordent celle qu'ils appellent *lato sensu*, qui est entendue dans un sens large et confère des droits tels que le consentement au mariage et l'obligation alimentaire.

Nous ne pouvons souscrire à cette division, ni accepter cette terminologie. Il n'y a qu'une puissance paternelle et c'est à tort que l'on veut comprendre sous ce nom des droits de famille dont nous reconnaissons l'existence, mais qui ne sont pas autre chose que des droits de famille résultant de la parenté ou de l'alliance. En étudiant notre législation, nous verrons qu'ils sont indépendants de l'idée de génération et de protection de l'enfant, base de la puissance paternelle.

Nous allons abandonner maintenant le terrain de la spéculation pure et de la philosophie pour aborder celui des applications dans les législations qui nous intéressent.

II. — Droit romain.

Dans le droit civil romain, la puissance paternelle avait un caractère et un aspect très différents de ceux qu'elle a de nos jours, puisqu'elle était basée sur des principes opposés. Elle était, en effet, instituée dans l'intérêt du père et sa nature était un droit sur l'enfant, analogue au droit de propriété et presque aussi absolu que celui du maître sur l'esclave.

En lisant le fameux texte de Gaïus, si souvent cité (1) : *Fere enim nulli alii sunt homines, qui talem in filios suos habent potestatem, qualem nos habemus*, on pourrait croire que cette conception de la puissance paternelle fût propre aux Romains (2). Il n'en est rien pourtant. Nous retrouvons le même principe et la même organisation dans toutes les législations primitives. M. Esmein a dit très justement : « *Pour l'antiquité tout entière*, la paternité légale, c'est le droit du père sur l'enfant et

(1) *Commentaires*, I, § 55.

(2) Fustel de Coulanges. *La Cité antique*, p. 98, note 1.

pas autre chose (1) ». En effet, nous rencontrons la puissance paternelle, ainsi constituée, chez tous les peuples anciens, chez les Hindous, chez les Égyptiens, chez les Hellènes. Partout, à l'origine, le père a un pouvoir absolu. Cela tient, pensons-nous, uniquement à ce qu'il en était ainsi dans la famille primitive, la famille patriarcale. Il ne pouvait pas d'ailleurs en être autrement.

Un homme s'unit à une femme qu'on lui a donnée ou qu'il a enlevée ; il a des enfants et fonde une famille qu'il accroît, soit en prenant d'autres femmes, soit en réduisant en servitude un autre groupe ou des individus. C'est le règne de la force brutale. Justement à cause de cela, à cause de cet état permanent de guerre privée, il faut que le père organise la défense de la famille qu'il a créée, par conséquent, qu'il puisse exiger une obéissance absolue et qu'il ait un pouvoir très fort, car il est, avant tout, un chef (2).

Cette souveraineté domestique à la fois despotique et nécessaire est, d'après nous, l'origine de la puissance paternelle telle qu'elle était constituée à Rome et chez les peuples anciens.

M. Fustel de Coulanges lui donne pour principe la religion du foyer et des ancêtres (3). Mais cette

(1) *Mélanges de critique et d'histoire*, p. 8.

(2) C'est l'état de siège transporté dans la famille.

(3) *La Cité antique*, liv. II, ch. I et VIII.

théorie porte en elle-même une contradiction, car ce culte suppose l'existence préalable de la famille et de la puissance paternelle. En effet, pour que les ancêtres fussent honorés et adorés après leur mort, il fallait qu'ils eussent été respectés et obéis pendant leur vie.

Après seulement que la famille eut été constituée comme nous l'avons dit, le souvenir des exploits et des vertus de ceux qui en furent les chefs se perpétua de génération en génération, les légendes se formèrent, et le culte des ancêtres se trouva créé. La religion, à son tour, maintint et confirma le principe de la puissance paternelle, qu'elle organisa en le développant.

Cette famille patriarcale, nous la rencontrons non pas à une époque déterminée dans l'histoire du monde, mais à l'origine de tous les peuples, par conséquent à des époques très différentes. Au moment même où certains peuples paraissent, d'autres étaient déjà arrivés à un état de civilisation avancée, leurs lois primitives avaient subi les évolutions nécessitées par leurs mœurs et leur caractère propre. C'est ce qui explique que la puissance paternelle fût très large et très douce chez les Égyptiens, par exemple, dans le même temps où elle était à Rome très rigoureuse.

En définitive, on peut retrouver ce pouvoir absolu

du père chez tous les peuples de l'antiquité, si l'on remonte assez haut dans leur histoire.

On ne peut donc pas dire que cette conception de la puissance paternelle fut spéciale aux Romains.

Mais tandis que de très bonne heure les autres peuples, les Grecs et les Athéniens surtout la tempérèrent ouvertement, à Rome on en conserva jalousement le principe, et on n'osa jamais la modifier que par des moyens détournés, alors même qu'ils rendaient son existence à peu près nominale (1).

Ce fut là le propre de la législation romaine, et c'est en ce sens qu'il faut entendre le texte de Gaïus cité plus haut.

A ce respect de leur *patria potestas*, on peut trouver plusieurs raisons : d'abord l'attachement des Romains à leurs antiques coutumes et à leurs traditions, puis l'influence de la religion qui a marqué cette institution de son empreinte, enfin l'importance qu'elle avait prise dans la cité où elle fut organisée dans un but politique (2).

Toutes ces causes contribuèrent à donner à la puissance paternelle à Rome, en même temps qu'une longue durée, une physionomie particulière qu'il est intéressant de connaître.

(1) Il en fut ainsi sous Justinien qui réédite pourtant le texte de Gaïus.

(2) Accarias. T. I, p. 183.

La *patria potestas* était, nous l'avons dit, un pouvoir très fort : le père avait sur son enfant un droit de vie et de mort ; il pouvait le flageller, l'emprisonner ou le vendre. Il était aussi son juge et punissait ses infractions aux lois de la cité ; pendant longtemps celle-ci ne se réserva que la répression des fautes très graves qui intéressaient plus directement l'ordre public (1).

A certains égards, le fils de famille paraît être l'objet d'un droit de propriété, de quasi-propriété disent quelques auteurs pour bien montrer à la fois l'analogie et la différence. Il peut en effet être vendu ou loué, sans que pour cela sa condition soit confondue avec celle de l'esclave ; il peut être revendiqué.

Bernhœft donne une explication qui mérite d'être citée : (2).

« Les droits de famille, dit-il, sont simplement « les droits du père de famille. Il se rapprochent « des droits réels en ce qu'ils ont une valeur pécu« niaire à une époque où la main-d'œuvre manque. « Par suite des institutions qui se rapportent au « patrimoine leur sont appliquées sans difficulté ; « par exemple l'usucapion s'applique au mariage en « droit romain, la vente à la puissance paternelle « dans toutes les législations ».

(1) Crimes politiques. *furtum manifestum* etc.

(2) *Staat und Recht der römischen Königszeit*, p. 175.

L'intérêt du père est la règle fondamentale de la *patria potestas*. D'ailleurs la paternité ne dérivait ni du fait générateur, ni de la loi, mais bien de la volonté du *paterfamilias* qui, du moins à l'origine, pouvait au moment de la naissance repousser l'enfant né *ex justis nuptiis* (1) et plus tard le chasser de la famille soit en l'émancipant, soit en le vendant comme esclave (2).

Une pareille puissance excluant toute idée de protection à l'égard de l'enfant, devait durer toute la vie de celui à qui elle appartenait, quel que fût l'âge de celui qui en était l'objet. La législation romaine ne manqua pas d'accepter cette conclusion logique et elle la conserva toujours intacte. Le fils de famille pleinement capable dans la vie publique pouvait, par les fonctions qu'il occupait, commander à son père, dans la vie privée, il devait toujours lui obéir.

Aussi, n'était-ce pas au père qu'elle appartenait, mais au *paterfamilias*, au chef de la famille, c'est-à-dire à l'ascendant paternel qui, étant *sui juris*, n'était pas soumis lui-même à la *patria potestas*. Elle n'appartenait jamais à la mère ni aux ascendants maternels.

Enfin, institution du droit civil, elle ne s'exerçait

(1) Cuq. *Institutions juridiques des Romains*, p. 63.

(2) *Trans Tiberim.*

que sur les citoyens romains et au profit de citoyens romains.

Telle est, en résumé, la puissance paternelle à Rome ; mais pour en donner une idée exacte, il est juste d'ajouter que c'est là le droit qui, par la suite, fut un peu modifié, et en outre, que cette rigueur fut plus apparente que réelle, que le fait tempéra le droit.

A l'origine, en effet, la pureté et la simplicité des mœurs adoucit beaucoup ce pouvoir formidable ; lorsque des abus commencèrent à se produire, l'institution du tribunal domestique vint régulariser son exercice ; enfin, quand ils furent trop nombreux, des restrictions successives furent imposées par les lois. C'est ainsi que dès la loi des XII Tables on interdit au père de tuer son enfant, plus tard de le maltraiter (1), puis de le vendre.

De même, si en droit la mère ne participait pas à la puissance paternelle, en fait c'est elle qui élevait l'enfant (2) ; l'exemple de Cornélie, mère des Gracques, d'Aurélie, mère de César, d'Attia, mère d'Auguste, est là pour en témoigner. Quand les matrones romaines, si respectées pendant longtemps, eurent perdu la considération dont elles avaient joui, et la place

(1) Sous Trajan. L. 5, Si a par. quis man. XXXVII, 12.

(2) Dial. des Orateurs, ch. XXVIII. — Plin. Epis t. VII, 24. — Horace, Odes III. 6. v. 39 à 42.

honorée qu'elles avaient occupée dans la famille, on leur accorda une sorte de droit prétorien de garde, grâce auquel elles purent en certains cas paralyser le pouvoir du père.

A l'époque de Justinien, la *patria potestas*, si elle a encore quelque apparence, n'a plus de raison d'être. Elle ressemble à ces vieux châteaux qui conservent un air menaçant alors même que de larges brèches permettent d'y pénétrer de tous côtés.

Pourtant telle avait été l'importance de cette institution qu'elle fut maintenue dans ses grandes lignes par les pays de droit écrit de notre ancienne France.

III. — **Droit germanique.**

En face de la *patria potestas* du droit romain, il nous faut placer l'autorité germanique qui en est la complète antithèse. Cette opposition a son intérêt : nous allons voir bientôt ces deux conceptions différentes pénétrant dans la Gaule avec les envahisseurs du midi et du nord et nous assisterons à la lutte de ces deux influences qui s'est poursuivie presque jusqu'à nos jours.

Nous avons dit pourtant qu'à l'origine la puissance paternelle avait dû être partout un pouvoir très fort, s'exerçant d'une façon analogue. Cette hypothèse n'est-elle pas contredite par l'antagonisme que nous venons de constater ?

Nullement, ces deux affirmations se concilient très bien.

En effet, les abus qui se produisaient fatalement avec une autorité aussi absolue, devaient nécessairement varier avec le caractère de chaque peuple ; par conséquent les modifications légales destinées à y remédier devaient également varier. De sorte que, si on prend, après un temps plus ou moins long, deux législations parties du même principe, on peut trouver des différences très notables. Parfois, il est possible de suivre la marche de l'idée juridique en remontant jusqu'à l'origine, mais parfois aussi ce retour en arrière est impossible parce qu'on manque de renseignements sur le droit antérieur. C'est ce qui arrive pour le droit germanique dont nous ne connaissons guère les coutumes que depuis les luttes de César sur le Rhin (1). On ne peut en être étonné, si l'on remarque que nous nous trouvons en présence d'un droit purement coutumier (2) dont les évolutions disparaissent avec le temps, sans laisser de traces.

Cette considération sert aussi à expliquer la dif-

(1) Le seul document auquel on peut recourir est le traité de Tacite : *De moribus germanorum.*

(2) Esmein. *Cours d'hist. du Dr. fr.*, p. 48.

férence qui existe entre le droit romain et le droit germanique. Une législation coutumière subit davantage l'influence des faits et des mœurs et se transforme plus rapidement qu'une législation basée sur des textes qui demeurent à travers les générations (1). Ce n'est d'ailleurs pas la seule cause ; il faut tenir compte encore du caractère fier et très indépendant des Germains et de ce qu'ils vivaient peu en cités, mais qu'au contraire leurs tribus étaient guerrières et nomades, circonstance qui devait faciliter les modifications des coutumes autant qu'elle aurait entravé l'application d'un droit strict.

On peut donc supposer avec quelque raison que même chez les Germains la puissance paternelle fut à l'origine un pouvoir presque absolu (2). Mais à l'époque où leurs coutumes nous furent révélées, elle a accompli une complète évolution ; si elle est demeurée une autorité fortement constituée, au principe primitif a été substitué un principe nouveau : l'intérêt du père n'est pas le fondement du *mundium* comme de la *patria potestas*, c'est l'intérêt de l'enfant.

(1) Rome eut des lois promulguées et fixées dès les premiers temps de sa fondation. C'était indispensable, étant donnés les éléments hétérogènes dont se composait ce ramassis d'aventuriers de races et de mœurs différentes et leur turbulence excessive.

(2) Laferrière. *Histoire du droit*, t. III, p. 53. — A. Gautier. *Précis de l'Histoire du Dr. Fr.*, p. 85.

Voilà la vraie différence qui sépare le droit germanique du droit romain. Le *mundium* ou *mainbour* est basé sur la protection due au faible par le fort : le père l'a sur l'enfant, le mari sur la femme, le chef sur les compagnons (1). Ce pouvoir très large, puisqu'il s'appliquait également à des rapports pourtant distincts, imposait des devoirs, en même temps qu'il conférait des droits ; il engendrait l'obligation de protéger celui qui y était soumis, de le venger et de payer pour lui le *vergeld* dans les cas où il pouvait être dû (2).

Une telle conception de l'autorité paternelle devait avoir pour première conséquence de la limiter comme durée et de la faire disparaître le jour où elle cessait d'être nécessaire. Aussi le fils qui, ayant atteint la majorité politique marquée par la prise d'armes, quittait la demeure paternelle, et la fille qui se mariait, étaient affranchis du *mundium*, sans, pour cela, sortir de la famille et lui devenir étrangers (3).

« La famille germanique, dit M. Glasson (4), of-
« frait moins de cohésion que la famille romaine,

(1) Laferrière, t. III, p. 154. — Pardessus. *Loi Salique*, 3e diss., p. 451. — Laboulaye, liv. 2e, p. 37.

(2) Glasson. T. III, p. 3.

(3) Tacite. *Germania*, § 20.

(4) *Histoire du Droit et des Institutions de la France*, t. III, p. 4.

« mais elle présentait surtout l'avantage de laisser à « l'individu l'indépendance compatible avec son âge « et son état social ».

La femme participait à l'éducation de l'enfant; si elle n'avait jamais le *mundium*, c'est parce que son sexe ne lui donnait pas la force indispensable à l'exercice de ce pouvoir protecteur.

Enfin, considérée en elle-même, cette puissance n'avait pas la rigueur du droit romain; ainsi, Tacite nous apprend que l'exposition de l'enfant nouveau-né était considérée comme un crime chez les Germains.

Or, il faut tenir compte de la différence de civilisation; Sumner Maine (1) a constaté que le droit des *Leges barbarorum* (Ve siècle de l'ère chrétienne) est moins avancé que celui de la loi des XII Tables, promulgué environ dix siècles auparavant.

Comme conclusion, nous citerons cette juste appréciation, due à la plume de M. Laurent (2) :

« Les peuples du Nord, méprisés comme barbares « par les Grecs et les Romains, avaient un sentiment « plus vrai de la nature et de ses droits que les na- « tions tant célébrées de l'antiquité. Ils ont donné à « l'humanité moderne le principe de l'individualité, « racine de notre liberté civile et politique. Ils res-

(1) *L'ancien droit*, ch. VIII.
(2) T. IV, no 258.

« pectent la personnalité jusque dans l'enfant qui « vient de naître (1) ».

IV. — Ancien droit français.

A. — *Période gauloise.* — Pour avoir quelques renseignements sur la puissance paternelle chez les Gaulois, il faut nous reporter aux *Commentaires* de César, mais ils nous apprennent fort peu de choses. D'ailleurs, à cette époque déjà, le droit celtique primitif a été altéré : le voisinage des Ibères et des Kimris, la pénétration lente de ces derniers, puis l'invasion en Italie et le contact avec la civilisation romaine, enfin le passage des Cimbres et des Teutons sont autant de causes qui ont dû modifier les coutumes.

Quoiqu'il en soit, au moment de la conquête de la Gaule par César, la puissance paternelle paraît avoir été un pouvoir à peu près absolu ; on regardait comme honteux pour un père d'admettre publiquement son fils en sa présence, tant que celui-ci n'était pas en âge de porter les armes (2). On pense pourtant qu'à la différence du droit romain, ce pouvoir

(1) Il est intéressant de remarquer aussi combien la situation des esclaves était plus large et plus douce qu'à Rome.

(2) Cœsar. *Comm. Bel. Gal.*, VI, 18.

n'était pas illimité dans sa durée et qu'il appartenait seulement au père.

Nous n'avons pas d'autres détails sur le droit gaulois, mais cela importe peu puisqu'il disparaît dans la lutte que le droit romain et le droit germanique vont se livrer en Gaule.

B. — *Période gallo-romaine et période franque.* — Après la conquête, les Romains s'attachèrent à faire pénétrer en Gaule leur civilisation ; ils y réussirent très bien dans le Centre et dans le Midi surtout. Les Gaulois et même les Barbares en sentirent la supériorité et se laissèrent sans peine gagner par elle.

Le droit romain, avec ses règles logiques et détaillées, leur apparut comme un progrès sur leurs simples coutumes et leur fit adopter son organisation de la *patria potestas*. Celle-ci, d'ailleurs, commençait à s'adoucir d'une façon sensible et elle devait ainsi se faire plus facilement accepter.

Dans le Nord et l'Est au contraire, l'assimilation fut plus lente et plus difficile ; elle n'était pas encore terminée lorsque les Francs envahirent la Gaule, apportant avec eux les coutumes germaniques. Pendant de longues années, tant que le principe de la personnalité des lois fut admis, ces deux formes de la puissance paternelle, *patria potestas* et *mun-*

dium, vécurent côte à côte : chacun était régi par sa loi d'origine, et la même juridiction appliquait des règles différentes au Franc et au Gallo-Romain (1).

C. — *Période féodale et royale.* — Peu à peu, les races se mélangèrent et les différences d'origine s'effacèrent ; le principe de la justice territoriale, infiniment plus simple, remplaça celui des lois personnelles. Un travail à la fois d'unification et de groupement s'opéra dans les législations locales et il s'accomplit au profit du droit dominant : le droit germanique dans le Nord où les Francs avaient été les plus nombreux, le droit romain dans le Midi où les Gallo-Romains étaient restés en majorité.

De là, en ce qui concerne la puissance paternelle, une différence très marquée entre les pays de coutumes et les pays de droit écrit.

Ceux-ci conservèrent les principes de la *patria potestas* telle qu'elle existait dans le dernier état du droit romain. On finit pourtant par admettre que les droits sur la personne disparaissaient à la majorité, qui fut fixée à 25 ans, mais l'intérêt du père demeurait le fondement de son autorité.

(1) Les rois des Wisigoths et des Burgondes firent rédiger pour leurs sujets des lois barbares et des lois romaines. Nous avons chez les Burgondes, la loi Gombette et le Papien, chez les Wisigoths, la loi germanique des Wisigoths et le Bréviaire d'Alaric.

Les pays de coutumes, au contraire, n'acceptèrent jamais cette idée ; toutefois, ce serait une erreur de croire que les parents n'avaient aucun pouvoir sur leurs enfants. Ils avaient certainement un pouvoir de protection, analogue au *mundium* germanique et unanimement admis par les mœurs (1).

Si certains coutumiers n'en parlent pas et si la coutume de Senlis va jusqu'à déclarer qu' « *en France puissance paternelle n'a lieu* », c'est qu'ils repoussent la *patria potestas* du Droit romain ; leur silence, pas plus que la fameuse maxime, n'a d'autre signification (2).

Ce pouvoir s'éteignait à la majorité de l'enfant, c'est-à-dire à un âge qui varia d'abord avec les coutumes, puis fut fixé à vingt-cinq ans.

Cet antagonisme se prolongea jusqu'à la Révolution. Le droit coutumier se développait d'après ces principes, tandis que l'idée romaine perdait du terrain de toute part.

Le décret de l'Assemblée nationale lui porta le dernier coup en faisant l'unification au profit de celui-ci.

(1) *Assises de Jérusalem*, art. 219.

(2) Aussi l'interprète-t-on souvent en disant qu'elle vise seulement la puissance paternelle sur les biens qui, dans les pays de droit écrit, avait conservé la forme rigoureuse du Droit romain.

V. — Droit civil français.

Si les principes de la puissance paternelle dans les pays de coutumes étaient assez conformes au droit naturel, il faut reconnaître que leur application était des plus défectueuses.

L'influence du droit romain dans les pays de coutume et celle du droit coutumier dans les pays de droit écrit avaient abouti, presque partout, à des règles assez incohérentes qui présentaient « *presqu'autant de divagations et de contrariétés que de coutumes différentes* » (1).

Aussi, le tribun Albisson avait-il raison de dire qu'aucune loi n'était plus urgente et plus nécessaire que celle qui réformait et organisait la puissance paternelle.

Quels principes ont adopté les rédacteurs du Code civil ? Un regard jeté sur les travaux préparatoires suffit à dissiper toute hésitation. Leur intention a été d'adopter ceux du droit naturel dont nous nous sommes préoccupés au début de ces notions générales et que nous avons déclarées seules acceptables.

(1) Albisson. Discours devant le Corps législatif. (Séance du 3 germinal an XI. — 21 mars 1803). — Fenet. *Trav. prép. sur le Code civil*, T. X. p. 538.

La définition que Réal donne de la puissance paternelle est, à cet égard, caractéristique (1).

« Un droit fondé sur la nature et confirmé par la « loi, qui donne au père et à la mère, pendant un « temps limité et sous certaines conditions, la surveil- « lance de la personne, l'administration et la jouis- « sance des biens de leurs enfants. »

Et l'orateur du Tribunat au Corps législatif ajoute (2) :

« Il faut remarquer que l'autorité des pères et des mères sur leurs enfants n'ayant directement d'autre cause ni d'autre but que l'intérêt de ceux-ci, ce n'est pas, à proprement parler, un droit, mais seulement un moyen de remplir, dans toute son étendue et sans obstacles, un devoir indispensable et sacré. »

La séance qui eut lieu au Conseil d'Etat le 26 frimaire an X, confirmerait cette opinion, s'il en était besoin (3). La discussion porta sur le titre qu'il fallait donner ; on critiqua l'expression de *puissance paternelle* qui était en tête du projet, on proposa celle *d'autorité paternelle* ou celle-ci : *des droits et des devoirs des pères*. Le projet fut renvoyé à la commission, mais, s'il conserva son titre, les articles ne prononcèrent plus ce mot.

(1) Réal. *Exposé des motifs*.

(2) Albisson. Même discours. — Fenet, p. 536.

(3) Locré, t. III, p. 315.

Il est donc bien certain que dans notre droit moderne la base de la puissance paternelle est l'intérêt de l'enfant ; les lois postérieures au Code civil ont encore accentué et développé ce principe (1).

Son organisation est celle que nous avons étudiée dans le droit naturel : un devoir et un droit d'éducation, essence de la puissance paternelle, un droit de garde pour en assurer l'exercice, un droit de correction pour lui servir de sanction, un droit d'émancipation pour y mettre volontairement fin.

Voilà ce qui concerne la personne de l'enfant, la seule chose qui intéresse notre travail ; en ce qui concerne ses biens, contentons-nous de citer un droit d'administration légale auquel notre législation ajoute, comme compensation, un droit d'usufruit légal dont l'utilité et le mérite sont assez contestables.

Ces droits sur la personne et ces droits sur les biens doivent être soigneusement séparés ; ils n'ont entre eux rien de commun, ni corrélation ni lien. Ils sont, il est vrai, réunis pendant le mariage entre les mains du père, mais cela ne prouve rien, car ils se conçoivent très bien exercés par des personnes différentes, et en fait ils le sont parfois. C'est ainsi, pour employer un exemple qui n'est pas discuté, qu'une mère qui renonce à la tutelle de ses enfants, perd

(1) Voir notamment les travaux prépatoires de la loi du 24 juillet 1889.

l'administration de leurs biens, tout en conservant celle de leurs personnes (1).

Voyons à présent à qui le législateur a confié ces droits.

L'art. 372 C. civ. nous montre qu'il les accorda au père et à la mère (2), et l'art. 373 ajoute que, pendant le mariage, cette autorité est exercée par le mari. Remarquons cette distinction très juste entre les droits et leur exercice, nous aurons plus tard l'occasion de la reprendre et de l'appliquer dans d'autres hypothèses.

Considérés en eux-mêmes les droits du père et de la mère sont égaux conformément aux principes du droit naturel.

Mais le législateur n'a-t-il pas abandonné ces mêmes principes en faisant participer les ascendants à la puissance paternelle ?

Certains auteurs l'affirment, c'est à notre avis le résultat d'une confusion ou plutôt d'une fausse définition de la puissance paternelle.

Le Code civil accorde aux ascendants certains

(1) L'administration légale et la tutelle sont une même chose, employée dans des circonstances différentes, à savoir une administration des biens. Aussi le législateur les a-t-il réunies au chapitre de la Tutelle.

(2) Il reste sous *leur* autorité (art 372).

droits, tels que le consentement et l'opposition au mariage, l'obligation alimentaire. Cela constitue-t-il une puissance paternelle *lato sensu*? Nous ne voyons pas l'intérêt qu'il y a à désigner d'un même mot des choses absolument différentes. Or, ces droits qui appartiennent aux ascendants, n'ont rien de commun avec la puissance paternelle, parce qu'ils ne sont pas contenus dans la véritable définition de celle-ci et qu'ils sont accordés à des personnes qu'on ne peut faire participer à cette puissance ou dans des cas où elle n'existe plus.

Nous avons dit et montré que la puissance paternelle était tout entière dans le devoir d'éducation auquel se reportaient tous les autres droits.

Quel rapport y a-t-il entre le mariage ou l'obligation alimentaire et le devoir d'éducation? S'il en existe un, il n'est pas bien étroit. Ils sont si peu liés à la puissance paternelle qu'ils existent après qu'elle a disparu. Ainsi le consentement au mariage est nécessaire pour le fils jusqu'à ce qu'il ait atteint 25 ans, alors que depuis 21 ans il n'est plus soumis à l'autorité de son père. De même l'obligation alimentaire dure toute la vie et il est bien certain que la puissance paternelle est éteinte.

Enfin le consentement du conseil de famille est nécessaire au mineur qui veut se marier, lorsqu'il n'y a pas d'ascendants (1), et le droit de faire opposition au mariage existe dans ce cas au profit de certains collatéraux (2). Quant à l'obligation alimentaire, elle existe également entre le gendre ou la bru et le beau-père ou la belle-mère.

Pourrait-on raisonnablement soutenir que le conseil de famille, les collatéraux, le beau-père et la belle-mère exercent la puissance paternelle, même prise dans un sens large ? Nous ne le croyons pas.

La vérité est que ce sont à proprement parler des droits de famille et pas autre chose ; une dernière considération le prouve péremptoirement, c'est que, dans notre législation, ils sont accordés non pas en raison des liens du sang, mais par égard pour la famille légitime. Nous le voyons bien, puisqu'ils disparaissent dès que celle-ci vient à manquer. Ainsi ils n'existent pas sur les enfants naturels, parce que ceux-ci n'ont pas avec les aïeuls de parenté civile ; il en serait autrement, si ces droits dépendaient de la puissance paternelle, puisque celle-ci a sa source dans la génération et que la filiation est également établie pour l'ascendant comme pour le père.

La conclusion qui s'impose est donc celle-ci : la puissance paternelle n'appartient qu'aux pères et mères, les ascendants n'ont que des droits de famille.

(1) Art. 160 C. civ.

(2) Art. 174 C. civ. Dans deux cas déterminés.

DU DROIT DE GARDE

DANS

LA PUISSANCE PATERNELLE

PREMIÈRE PARTIE

HISTORIQUE

CHAPITRE PREMIER

DROIT ROMAIN.

PREMIÈRE SECTION

LE DROIT DE GARDE DANS LA PATRIA POTESTAS.

§ 1. — Nature, caractères et étendue.

Le droit de garde a un aspect différent dans le droit civil et dans le droit prétorien. Dans l'un il est un accessoire, un attribut de la *patria potestas*, dans l'autre c'est au contraire un droit accordé par le magistrat pour faire échec à celle-ci.

Ces deux formes n'ont pas toujours été en lutte, car la seconde, avant d'être employée à limiter la puissance paternelle, avait servi à la remplacer lorsqu'elle venait à faire défaut.

Dans le droit civil la *patria potestas* était, nous

l'avons vu, un pouvoir analogue au droit de propriété ; le droit de garde, lui, peut être comparé à la possession. Il est la condition d'exercice de la *patria potestas*, comme la possession est celle du droit de propriété. Pendant la vie du *paterfamilias*, ce droit, de même que celui d'éducation, est absolu ; le père peut en disposer à sa guise, le transmettre à un tiers ou y renoncer par l'émancipation.

A sa mort, si l'enfant qui devenait *sui juris* était impubère, il y avait lieu à tutelle, mais le tuteur n'était chargé que d'administrer les biens, il n'avait pas la direction morale du pupille. Il fallait donc désigner une personne présentant des garanties de capacité et d'affection, pour veiller sur l'entretien, l'éducation et la garde de l'enfant. A l'origine le tribunal domestique probablement, plus tard le magistrat, prêteur ou gouverneur de la province, faisait ce choix parmi les parents et les amis, ou confirmait celui fait par le père dans son testament. Dans le droit classique la mère survivante ne pouvait être tutrice de l'enfant, elle pouvait être désignée pour prendre soin de sa personne, et en fait elle devait l'être souvent, mais sans qu'il y eût pour elle un droit de préférence. Ce droit, une constitution d'Alexandre Sévère le lui accorda, du moins autant qu'elle ne se remariait pas.

C'est ce pouvoir ainsi conféré qui donna naissance

à la seconde forme du droit de garde dont nous avons parlé et qui servit à limiter la *patria potestas*. On se contenta d'étendre à certaines hypothèses ce qui se faisait en cas de prédécès du *paterfamilias* et on accorda au gardien une exception pour résister aux actions qui appartenaient au père.

Ces limitations furent apportées dans trois cas : en cas de divorce, en faveur du mari de la fille, en cas d'indignité du père.

1° *Divorce*. — Dans le droit classique et jusqu'au règne d'Antonin-le-Pieux, les enfants appartenaient au père lorsque les époux divorçaient ; il avait la *patria potestas* et la mère aucun droit, la solution n'était pas douteuse. La fréquence des divorces montra vite tous les inconvénients d'une règle aussi absolue ; un décret d'Antonin-le-Pieux, des rescrits de Marc-Aurèle et de Septime Sévère la modifièrent et déclarèrent que la garde et l'éducation des enfants issus du mariage pourraient être confiées à la mère, s'il y a de justes motifs pour qu'ils restent avec elle plutôt qu'avec le père (1). C'est ce qui arrive lorsque le divorce a lieu par la faute du père, la mère résistera aux actions de celui-ci par une exception, celle de dol probablement. Toutefois, elle n'avait pas d'ac-

(1) L. 1, § 2, Dig., *De lib. exhib.*, XLIII, 30. — L. 3, § 5.

tion proprement dite, parce que la *patria protestas* de toute façon restait intacte ; si donc l'enfant n'était pas avec elle, elle ne pouvait se le faire rendre que par la voie extraordinaire.

Justinien (1) maintint la garde de l'enfant à l'époux divorcé auquel les torts n'étaient pas imputables, mais il fit une exception en faveur de la mère lorsque, en raison de sa fortune personnelle, il y avait avantage pour l'enfant à lui être confié.

2° *En faveur du mari.* — Dans le mariage sans *manus*, la femme restait soumise à la *patria potestas* ; son père pouvait donc l'obliger, quand il le voulait, à revenir chez lui et même à divorcer. L'ancien droit avait admis ce pouvoir excessif (2), Marc-Aurèle le restreignit à certains cas (3) et Antonin le Pieux le supprima en accordant au mari une exception (4), *ut patri persuadeatur ne acerbe patriam potestatem exerceat.*

3° *Pour cause d'indignité du père.* — Un père est d'une moralité douteuse, il réclame son enfant

(1) Nov. 117, ch. 7.

(2) On cite le vers de Pacuvius où une femme dit à son père :

Cur talem invitam invitum linquere cogis ?

(3) L. V. au Code, De rep. V. 17.

(4) L. 1, § 5 au Dig., 43, 30.

qui est chez un tiers; le magistrat ordonnera qu'il soit placé chez une personne déterminée jusqu'à l'issue du procès; en général il désignera une *mater-familias*, c'est-à-dire *fœmina notæ auctoritatis* (1). Il différera ensuite le procès jusqu'à la puberté de l'enfant en refusant la formule; il trouve dans son *imperium* le pouvoir de méconnaître temporairement la *patria potestas* (2).

§ 2. —.Sanction.

Ulpien nous énumère, dans la loi 1, § 2, au Digeste, livre 6, titre 1, les diverses actions pui protègent la puissance paternelle. Ce sont, dans l'ordre où il les place : les *præjudicia*, les *interdits*, la *cognitio prætoria* et la *revendication adjecta causa*.

Examinons-les séparément, mais constatons d'abord qu'elles ne sanctionnent que la *patria potestas*, par conséquent le droit de garde uniquement du père. Celui de la mère, dans les cas où nous avons vu que l'enfant lui était confié, est protégé par une exception. Si elle en a perdu la possession, elle pourra se la faire rendre par la voie *extra ordinem*.

(1) Ulp. 1, § 6. Dig. 43, 30.

(2) Em. Chauvin. *De la puissance paternelle*. Th. p. 63.

I. *Prœjudicia*. — Le *prœjudicium* est une action dont la formule se réduit à l'*intentio ;* le juge ne prononce pas de condamnation, il se contente de répondre à la question qui lui est posée.

Sa sphère d'emploi est assez délicate à déterminer. On admet généralement qu'on pouvait l'utiliser pour faire décider qui a la puissance paternelle, soit à un point de vue théorique en vue de difficultés futures, soit comme prélude à un procès dont la solution dépend de cette question (1).

La preuve incombait à celui dont la prétention était inscrite dans la formule.

II. *Interdits* (2). — Deux interdits protègent en outre la *patria potestas :* l'interdit de *liberis exhibendis* et celui de *liberis ducendis*.

Contre qui sont-ils donnés ? Quels sont les cas d'application de chacun ? Questions très controversées, qui ont donné lieu à plusieurs systèmes.

Dans une première opinion, ces interdits se complètent tous deux ; par l'un, le père oblige son adversaire à montrer l'enfant, à l'exhiber, et, cette satisfaction obtenue, il pourra conduire celui-ci dans sa demeure au moyen de l'autre, et défense sera faite à l'adversaire de s'y opposer par la force (3).

(1) Boistel. *Le droit de la famille*, p. 124.

(2) Liv. 43, tit. 30, au Dig.

(3) Boistel, p. 114.

Demelius soutient une théorie analogue ; d'après lui, l'interdit exhibitoire est accordé contre le tiers, et l'interdit de *liberis ducendis* contre l'enfant, si celui-ci, après l'exhibition, ne consent pas à suivre son père.

D'autres auteurs ne veulent pas que le débat puisse s'engager entre le père et l'enfant *in potestate;* pour eux, les interdits sont dirigés contre le tiers, et l'interdit exhibitoire est, en même temps, restitutoire. On se demande alors dans quel cas le prohibitoire recevra son application. Ils répondent : lorsque le tiers prétendra à la potestas sur l'enfant sans l'avoir en sa possession ; il est bien évident qu'il ne pourrait l'exhiber ; le prohibitoire tranchera le fond du droit et empêchera le défendeur de s'opposer, dans l'avenir, à la *ductio* (1).

III. *Cognitio prætoria.* — Cette procédure extraordinaire s'employait contre le fils qui niait la *patria potestas* du demandeur et peut-être dans d'autres cas encore. Il n'y avait plus ici les deux phases de procédure l'*in jure* et l'*in judicio*, le préteur décidait directement. C'était au fils à faire la preuve qu'il n'était plus en puissance et, s'il déniait sa qualité de fils, qu'il n'avait jamais été traité comme tel par le demandeur (2).

(1) Voir Chauvin, p. 34.
(2) Boistel, p. 122.

IV. *Revendication.* — La puissance paternelle étant un droit analogue au droit de propriété, mais un droit analogue seulement, la revendication de l'enfant n'aurait pas pu s'opérer comme celle d'une chose susceptible de propriété. Aussi cette *reivindicatio* ne fut-elle accordée qu'*adjecta causa,* c'est-à-dire avec une adjonction indiquant la nature du droit, par conséquent la *patria potestas* ou le *mancipium* (1) au lieu de la propriété. Ce fut vraisemblablement le moyen le premier connu mais aussi le premier abandonné. Le texte d'Ulpien qui en fait mention manque de clarté et il a donné lieu à des interprétations différentes au sujet des mots qu'il fallait ajouter à la formule ordinaire : *(Pomponius) ait enim adjecta causa ex jure Quiritium vindicare posse.* (L. 1, § 2. Dig. Liv. VI, tit. 1).

Cujas et Pothier ont enseigné qu'il fallait spécifier qu'on agissait *ex jure Quiritium*, c'est-à-dire en vertu du droit civil romain ; en d'autres termes, que l'*adjecta causa,* le complément de la formule, était les mots *ex jure Quiritium.*

Les auteurs modernes objectent avec raison que ce n'était pas une adjonction, puisque ces mots se trouvaient dans toutes les formules de revendication et ils professent que ce qu'il fallait spécifier, c'était

(1) Le *mancipium* est le droit qui naît de la cession de la *patria potestas* au profit d'un tiers.

le droit en vertu duquel on agissait, *patria potestas* ou *mancipium* (1).

V. *Actio furti.*— Il convient d'ajouter à l'énumération d'Ulpien l'action *furti* qui pouvait aussi être accordée au père pour réparer le préjudice causé par l'enlèvement de l'enfant. En aucun cas, il ne pouvait avoir la *condictio furtiva*, pour laquelle un véritable droit de propriété était nécessaire.

§ 3. — Transmission.

L'analogie entre le droit de propriété et la *patria potestas* devait entraîner le droit d'aliéner cette puissance et de se servir du *filius familias* à peu près comme d'une chose. De là une série de contrats, vente, abandon noxal, mise en gage, louage de services, dont le fils peut être l'objet.

Il faut toutefois remarquer que le père ne transmet pas au co-contractant sa puissance paternelle, mais seulement un droit analogue, et que la *patria potestas* se transforme en *mancipium*.

Voyons d'abord quelle était la condition de l'enfant *in mancipio*.

(1) Boistel, p. 110. — Chauvin, p. 50.

En fait, on peut dire qu'elle ressemblait beaucoup à celle de l'esclave, en droit, elle en était très différente. L'individu qui est *in mancipio* est *loco servi* (1), ou, si l'on préfère, *in servitute* (2), sans être *servus*. Il est astreint au travail et il est, pour le maître, un instrument d'acquisition, mais il a contre celui-ci l'*actio injuriarum* (3) en réparation des injures qu'il en reçoit ; enfin, sa condition antérieure n'est pas modifiée à sa sortie du *mancipium* : il redevient ingénu au lieu d'être affranchi ; il n'a subi que la *capitis deminutio minima*.

Ce pouvoir s'acquiert par la mancipation de l'enfant, vente solennelle *per æs et libram*, faite par le *paterfamilias* au tiers qu'il veut en investir. Celui-ci le perd volontairement par l'affranchissement *vindicta* ou *testamento*, comme pour l'esclave, mais sans les conditions des lois *Œlia Sentia* et *Furia Caninia*, et malgré lui par l'arrivée du cens (affranchissement *censu*). D'une façon générale, cet état durait donc, au maximum, cinq ans.

I. *Vente*. — L'existence de ce droit remonte aux premiers temps de Rome, et nous voyons que de très bonne heure on établit des restrictions destinées à

(1) Gaïus. I, §§ 123 et 134 ; III, § 114.

(2) Boistel, p. 83.

(3) Gaïus, T. § 141.

tempérer une puissance aussi absolue dont les abus étaient faciles. C'est d'abord Numa, dit-on, qui aurait fait une exception en faveur des enfants mariés avec le consentement de leur père. C'est ensuite un texte de la loi des Douze Tables qui fait perdre la *patria potestas* au père qui a fait trois ventes successives de son fils. En effet, dans ce cas, l'usage de la puissance paternelle paraît excessif, surtout si l'on considère que la vente ne devait être employée que dans des circonstances exceptionnelles et qu'il n'était pas probable que ces circonstances se reproduisissent trois fois.

Plus tard, par une interprétation restrictive du texte, on admit qu'une seule vente suffirait pour faire perdre la *patria potestas* sur les filles et sur les petits enfants.

A l'époque de Gaïus, elle n'est guère employée que comme une formalité de l'émancipation et de l'adoption ; elle est rarement réelle et toujours en cas d'extrême misère. Caracalla (1) et Dioclétien (2) la prohibèrent, sans la faire disparaître complètement, puisque Constantin, en renouvelant cette prohibition, la permit, pour empêcher l'exposition ou le meurtre de l'enfant, lorsque celui-ci était en bas âge

(1) L. 1, C. *De lib. caus.* VII, 16.
(2) L. 1. C. *De patr. qui fil. distr.* IV, 43.

et le père très pauvre ; il ajouta qu'elle serait résoluble en restituant le prix reçu (1).

Justinien maintint ces dispositions.

II. *Abandon noxal* (2). — Le *paterfamilias* dont le fils a commis un dommage au préjudice d'un tiers, pourra être poursuivi par celui-ci. Personnellement il n'est pas tenu, c'est l'auteur du dommage qui doit le réparer, mais l'auteur n'a pas de biens propres, puisqu'il est *alieni juris ;* par son fait il a engagé sa personne à défaut de ses biens, le créancier demandera donc au père de lui faire l'abandon de son enfant, de le lui manciper, pour qu'il puisse, en le faisant travailler, obtenir la réparation du préjudice qui lui a été causé. Respectueux de l'autorité du *pater familias*, les Romains décidèrent qu'on ne pourrait contraindre celui-ci à faire l'abandon noxal, mais respectueux aussi des droits du créancier ils obligèrent le père qui s'y refusait, à réparer lui-même le préjudice.

Cet abandon noxal s'opérait au moyen de la mancipation et la situation du fils de famille *noxæ deditus* était celle de l'individu *in mancipio*.

(1) L. 2 au Code. *De patribus qui fil. su. distr.* IV, 43.

(2) Voir Cuq. *Inst. Jur. des Romains*, p. 363 et suiv. — Girard. *Des actions noxales*.

Le créancier ne devait pas garder indéfiniment le fils mancipé, il y avait pour lui un devoir de conscience (1) à l'affranchir ou à le remanciper au père, dès que le travail fourni avait réparé le dommage. D'ailleurs le pouvoir du censeur remédiait aux abus par la radiation sur les registres du cens de la mention *Pub. serv.*, bien que la seule arrivée du cens ne fût pas suffisante dans l'abandon noxal pour affranchir l'enfant, comme dans la vente (2).

Cette forme de la cession de la *patria potestas* fut celle qui eut la plus longue durée ; elle était encore employée au temps de Gaïus, mais à l'époque de Justinien, elle n'est plus utilisée.

III. *Mise en gage.* — L'enfant pouvait faire l'objet d'un contrat de gage, le père le mancipait à son créancier comme sûreté de sa dette. On y joignait alors un *pactum fiduciæ* par lequel l'acquéreur s'engageait à remanciper l'enfant au père après complet payement (3). Cette convention accessoire était distincte de la mancipation dont la formule restait intacte ; elle donnait lieu à une action *directa fiduciæ* en faveur du père pour l'exécution du pacte, et

(1) Cuq. *Inst. Jur. des Rom.* p. 374.
(2) Gaïus I. § 140.
(3) Giraud. *Jur. Rom. ant. vest.* p. 208.

à une action *contraria fiduciæ* au profit du maître en raison des impenses qu'il avait pu faire.

Ce contrat offrait encore plus d'inconvénients que la vente, le créancier ayant intérêt à rendre dure la situation de l'enfant pour se servir de l'affection du père et amener celui-ci à payer. Aussi du temps de Paul déjà, elle était interdite ; cette prohibition fut renouvelée par Justinien (1).

IV. *Louage de services.* — Le père pouvait également louer les services, *operæ*, de son enfant ; comme pour la mise en gage, il faisait une mancipation accompagnée d'un *pactum fiduciæ* par lequel le maître s'engageait à lui remanciper l'enfant dans un délai déterminé. Ce contrat ne présentait pas les abus et les dangers des précédents, aussi il n'intervint pas de restrictions légales sauf, sous les empereurs chrétiens, les peines portées contre le père qui prostituait sa fille.

(1) L. 5. Dig. 20, 3.

DEUXIÈME SECTION

LE DROIT DE GARDE EN DEHORS DE LA « PATRIA POTESTAS ».

Nous venons de voir la situation des enfants soumis à la *patria potestas*, c'est-à-dire de ceux nés *ex justis nuptiis*. Mais en droit romain, il y avait plusieurs autres sortes d'unions régulières : le mariage du droit des gens ou *matrimonium sine connubio*, le *concubinat* et le *contubernium*. Quels seront les rapports des enfants qui en sont issus, avec leurs auteurs ? De la *patria potestas*, il ne saurait être question, c'est une institution de pur droit civil et elle n'existe que sur les enfants nés *ex justis nuptiis*. Sur les autres enfants, *liberi non justi*, le père n'a aucun pouvoir alors même que la filiation est certaine. En droit romain la paternité n'est que légitime, au contraire la maternité n'est que naturelle ; c'est-à-dire qu'il n'y a de rapports juridiques entre le père et l'enfant que si celui-ci est légitime, tandis que cette considération est indifférente vis-à-vis de la mère.

Le père n'a donc aucun droit, c'est celle-ci qui élèvera l'enfant et prendra soin de sa personne. On lui accorde, à cet effet, un droit de garde qui a son origine et sa protection dans le pouvoir du préteur ou du président de la province, et qui est identique à celui dont la mère légitime se sert pour résister, dans certains cas, à la demande du père.

Il est permis de croire que l'enfant *sui juris* n'avait pas une indépendance absolue vis-à-vis de ses auteurs ; il est probable que les mœurs suppléaient au silence de la loi, et que le pouvoir du préteur venait en aide aux parents. On admet que celui-ci désignait une personne chargée de la garde, de l'éducation et de l'entretien du mineur, le tuteur ne s'occupant que des biens ; il protégeait certainement dans les cas difficiles le droit qu'il avait accordé.

CHAPITRE II

ANCIEN DROIT FRANÇAIS.

C'est une entreprise fort difficile que d'essayer de faire l'historique du Droit de garde dans l'ancien droit français. A vrai dire, le droit formel est très confus, car les mœurs devaient y suppléer, et il est presque impossible de le retrouver dans les textes aussi rares que peu précis de nos anciens coutumiers ; les multiples divergences des coutumes ajoutent encore à cette obscurité. Il n'y a guère que des décisions de jurisprudence, mais combien variables, qu'on doit se contenter de grouper afin d'en rechercher les principes directeurs.

En effet, dans les pays de pur droit coutumier, la puissance paternelle sur la personne n'est ni réglementée, ni organisée ; certains recueils la passent sous silence comme si elle n'existait pas, d'autres la nient purement.

Dans ceux où l'on suit le droit romain (1), celui-ci

(1) C'est le cas non seulement des pays de droit écrit mais encore de plusieurs coutumes en ce qui concerne la puissance paternelle.

a subi des influences de coutumes et des modifications qui ont altéré ce qui lui restait d'unité et d'harmonie.

Il y a surtout entre eux une différence de principes : dans les uns l'intérêt de l'enfant est à la base, dans les autres l'intérêt du père. Mais une règle générale s'applique à tous : partout la garde comme l'éducation de l'enfant est arbitraire au juge qui puise son droit de contrôle soit dans la coutume elle-même, soit dans l'*imperium* du préteur (1).

Cela explique la rareté des textes coutumiers, le pouvoir du juge suppléant à leur silence ; mais on comprend aussi quelle anarchie devait en résulter dans la législation.

Nous devrons donc nous borner à rechercher dans les coutumes et les arrêts les traits communs et les règles générales.

§ 1. — Étendue du droit de garde.

En droit germanique la garde de l'enfant était bien éloignée de la quasi-possession du droit romain ; nous voyons dans Tacite (2) que le meurtre et l'exposition de l'enfant étaient considérés comme des crimes. Le

(1) Fr. de Cormis. *Consultations*, t. II, C. 1130.

(2) Germ. § 20.

mundium était un pouvoir très étendu, mais avant tout protecteur et en même temps très large. L'enfant était élevé par sa mère, il vivait avec ceux des esclaves et ne s'en séparait qu'au moment de prendre les armes (1). Cette situation persista après l'invasion en Gaule ; le caractère fier et indépendant des Francs n'aurait pu se plier à la *patria potestas* romaine, aussi en subirent-ils très peu l'influence.

Jusqu'au XIIIe siècle, du moins dans les pays de droit coutumier, on ne sait presque rien sur l'exercice de la puissance paternelle, si ce n'est qu'elle était abandonnée aux mœurs (2). Il y a peu de différence avec la tutelle et toutes deux sont désignées par les mêmes mots, mainbournie, vouerie, garde, bail (3).

L'obligation de nourrir et d'élever l'enfant est mentionnée dans le livre de Jostice et de Plet (4) et dans les anciennes coutumes d'Anjou et du Maine (5) ; le premier de ces recueils prohibe la vente ou l'échange de l'enfant (6). Nous retrouvons plus tard cette défense dans la coutume de Paris, qui l'étend

(1) Germ. § 20. Il est bon de noter au passage combien la condition des esclaves germains était plus douce qu'à Rome.

(2) Glasson. *Hist. du Dr. et des Inst. de la France*, t. VII, p. 173.

(3) Königswarter, p. 224.

(4) P. 59 et 196.

(5) T. 2, p. 221.

(6) P. 173.

même au cas d'extrême indigence, et dans le *Somme rural* de Boutillier (1).

L'usage de vendre ou de donner l'enfant était, semble-t-il, assez rare dans les pays coutumiers, il disparut certainement d'assez bonne heure.

Dans les pays de droit écrit, son emploi fut beaucoup plus fréquent et subsista encore longtemps après. Dès le VIe siècle, les conciles de Lérida et de Tolède s'en étaient préoccupés ; il est probable que les abus dont on s'inquiétait alors ne se produisirent pas qu'en Espagne. Laferrière (2) mentionne la donation d'un enfant à un couvent en 1100, et la coutume de Bazas (3), en 1489, permettait la mise en gage.

On cite, généralement, un acte fait à Toulouse en 1440 comme étant le dernier contrat de vente ou de donation d'enfant dont on ait connaissance (4). Des documents qui nous ont été communiqués par M. Labande, directeur de la bibliothèque d'Avignon et que nous étudierons plus loin (5), nous permettent d'affirmer que, tout au moins dans le Comtat, ces contrats ont été en usage encore longtemps après et que

(1) Liv. 1, tit. 67.

(2) T. III, p. 53.

(3) Art. 171.

(4) Viollet, p. 421. Acad. de législ. de Toulouse. T. V., p. 169, en note. Extraits de l'acte.

(5) Nous en renvoyons l'étude dans un appendice, à cause de leur spécialité.

leur emploi paraît même avoir été assez fréquent. C'était sans doute une forme d'adoption, forme imparfaite, il est vrai, mais aussi bien plus simple que l'adoption du droit romain (1).

A partir du XVIe siècle, nous rencontrons plus de précision. Dans les pays de coutumes, les pères ont *soin de l'éducation ;* dans plusieurs même tels que la Flandre, le Hainaut, ils ont la *patria potestas* romaine comme dans les pays de droit écrit. Mais quelle que soit l'étendue de la puissance paternelle, l'exercice de celle-ci est toujours soumis au contrôle des tribunaux qui peuvent intervenir dans tous les cas (2).

Un arrêt du Parlement de Bretagne du 26 avril 1559 ordonne à une fille de réintégrer le domicile paternel, moyennant caution fournie par le père de la bien traiter, et fait défense à celui-ci de la maltraiter sous peine de 500 livres d'amende et de prison.

Un autre du Parlement de Toulouse du 31 janvier 1675 permet à des enfants d'une vingtaine d'années de se séparer de leur père et d'aller chez leur oncle paternel et condamne le père à fournir 100 livres de pension à chacun.

Un arrêt du Parlement de Paris du 18 juin 1607 oblige un père naturel qui voulait faire apprendre à

(1) L. Labande. *Autour du mariage.*

(2) Dès la fin du XIIIe siècle, Beaumanoir en cite plusieurs dans ses coutumes du Beauvoisis.

ses enfants les métiers de boucher, serger et boulanger, à leur donner une profession plus relevée et plus en rapport avec sa situation de fortune.

Ces exemples nous montrent que les tribunaux intervenaient non seulement dans l'attribution du droit de garde, ainsi que nous le verrons plus loin, mais encore dans l'exercice même du droit d'éducation.

On admettait d'ailleurs que la mère avait une action pour obliger le père à donner à leurs enfants une éducation conforme à la décence et aux bonnes mœurs (1).

En revanche certains arrêts reconnaissent au père le droit de disposer par testament de l'éducation de ses enfants (2). Enfin il a été jugé plusieurs fois que son consentement était nécessaire au mineur qui voulait embrasser la vie religieuse (3). L'affaire du président Ayrault montre cependant que le père était facilement désarmé, puisqu'il ne put pas obtenir la restitution de son fils qui était entré chez les Jésuites.

Pothier le premier se préoccupe du droit de garde et donne une notion nette et logique de sa nature et de sa source.

(1) P. Bernard. *Hist. de la puis, pat. en France*, p. 111.

(2) Parlement de Paris, arrêt du 30 juillet 1665, — de Provence, 8 juillet 1673.

(3) Parlement de Paris, arrêts du 10 août 1601, contre les Feuillants, du 24 mars 1604, contre les Capucins,

Le droit que les père et mère ont de gouverner avec autorité la personne et les biens de leurs enfants jusqu'à ce qu'ils soient en âge de se gouverner eux-mêmes et leurs biens, donne naissance à celui qu'ils ont de retenir leurs enfants auprès d'eux, ou de les envoyer dans tel collège ou autre endroit où ils jugent à propos de les envoyer pour leur éducation (1).

§ 2. — Attribution de la garde.

Il faut distinguer selon que le droit de garde s'exerce sur des enfants légitimes ou sur des enfants naturels.

N° 1. — Sur les enfants légitimes.

Il y a trois situations différentes à examiner : 1° Pendant le mariage ; 2° Après la séparation des époux ; 3° après le décès d'un des époux ou de tous les deux.

I. — *Pendant le mariage.*

Cette première hypothèse n'offre pas de sérieuses difficultés. Pendant le mariage, c'est le père qui exerce le droit de garde ; mais dans les pays de cou-

(1) Pothier. *Traité des personnes*. Tit. I. Sec II., art. 130 et 131.

tumes il l'exerce sous le contrôle de la famille, puisque chacun de ses membres peut saisir la justice dont le droit d'intervention s'applique à tous les cas.

Les corps municipaux, défenseurs reconnus des orphelins, ne se désintéressaient probablement pas des mineurs qui avaient encore leurs père et mère.

Beaumanoir (1) indiquait déjà une série de cas où la justice, « à la requeste des parens des enfans, les doit oster de la garde et de la compagnie du pere ou de la mere ».

Dans les pays de droit écrit, cette intervention de la famille existait également, mais restreinte aux cas d'une certaine gravité. Une constitution de Théodose avait permis aux évêques, aux juges, aux défenseurs de la cité de priver de la puissance paternelle les pères qui auraient favorisé les désordres de leurs enfants. Bien avant, le préteur avait paralysé le droit du père lorsqu'il était indigne. On trouvait donc dans les lois romaines des textes suffisants pour légitimer ce contrôle.

On avait admis aussi qu'il y avait lieu à dévolution du droit de garde au profit de la mère, lorsque le père était absent ou dément.

C'est l'opinion de Pothier (2) :

« Observez que quoique parmi nous la puissance

(1) Liv. I., ch. 21, n° 11 et suiv., p. 309. T. 2.

(2) *Traité des personnes.* Sec. II. N° 134.

paternelle appartienne à la mère comme au père, néanmoins la mère ne peut exercer les droits qu'au défaut du père ; c'est-à-dire après sa mort, ou dans le cas auquel, pour sa démence ou son absence, il ne pourrait l'exercer ».

II. — *Après la séparation des époux.*

Lorsque la séparation de corps était prononcée entre les époux, la femme, dans un très grand nombre de cas, était tenue d'entrer dans un couvent ; les enfants restaient au père. Parfois cependant ils étaient confiés à celle-ci ; les tribunaux s'appuyaient alors sur leur droit de contrôle et se laissaient diriger par l'intérêt des enfants.

Voici comment, dans le grand Coustumier (1), la situation doit être réglée :

« Sçachez que si enfans il y a, et la divorce vienne par la coulpe du mary, ses enfants doivent estre à la gouverne de la mère, la despence du mary. S'ainsi n'estoit que la divorce fust perpétuelle et la femme se remariast. Et au cas qu'elle se remarieroit, les enfans doivent estre à la gouverne des amis d'un costé et d'autre au despens de père et de mère, et si la divorce venoit par la coulpe de la femme : lors demeureroient les enfans au gouvernement du père,

(1) Tit. VIII, *in fine.*

aux despens de la mère si riche estoit la portion ou que fai se puist. Sinon ce doit demeurer à la discrétion du Juge, par le conseil des amis charnels, à prendre tant sur l'un costé que sur l'autre et le plus au plus riche. Toutesfois il faut considérer par quelle coulpe le divorce vient, car celuy le doit plus supporter et avoir charge ».

III. — *Après la dissolution du mariage.*

A. — Droit germanique.

Dans le droit germanique, à la mort du mari, le *mundium* passait au parent mâle le plus rapproché ; il n'appartenait jamais à la mère et elle y était elle-même soumise. Solution très logique, car pour exercer un pouvoir de protection, il fallait, dans ces temps troublés, avoir la force, et c'était chez l'homme seulement qu'on pouvait la trouver.

Il arrivait ainsi que la mère et ses enfants étaient sous le *mundium* du fils aîné, lorsqu'il était en âge de porter les armes.

Cette situation subsista jusqu'au jour où les principes de la féodalité la firent modifier.

B. — Période féodale.

A la mort du père ou de la mère, il y a lieu à bail, garde ou tutelle, trois noms qui désignent un pouvoir analogue de protection de la personne et d'administration des biens avec cependant des caractères propres à chacun d'eux. La variété des coutumes (1) et les changements de sens dans les différentes époques ne permettent pas de définir et d'analyser ces trois institutions avec toute l'exactitude désirable. Nous nous contenterons de les esquisser en les prenant dans le sens le plus généralement admis par les coutumes.

Bail, garde, tutelle. — Le contrat féodal était bilatéral ; à la concession du fief correspondaient des services dus par le vassal. Ceux-ci n'étaient plus rendus le jour où un enfant mineur et incapable était appelé par la mort de son père à prendre sa place : le seigneur suzerain aurait donc subi un préjudice. Ce fut l'origine de la garde féodale ou seigneuriale (2). Le suzerain reprenait momentanément son fief et l'administrait directement ou par l'intermédiaire d'une personne de son choix, jusqu'à la majorité de l'enfant qu'il devait surveiller et entretenir à ses frais. Un moyen s'offrait à lui d'éviter les charges et les ennuis d'une gestion et de maintenir la situation antérieure, tout en donnant satisfaction aux exigences de plus en plus nom-

(1) Klimrath, p. 120. — A. Gautier, p. 421.

(2) On ne peut l'étudier que dans les juriconsultes d'outre-mer (Note de Beugnot sur Beaumanoir, t. I, p. 244).

breuses des familles ; c'était de déléguer dans cette administration le parent le plus rapproché, héritier présomptif du mineur. De la sorte, le fief se trouvait confié à celui qui était le plus intéressé à le faire prospérer et à se comporter en fidèle vassal. Comme la transmission héréditaire des tenures, cette concession, d'abord gracieuse et volontaire de la part du suzerain, devint, pour l'héritier présomptif, un droit véritable. Mais il y avait des inconvénients graves à lui laisser, en même temps que l'administration des biens, la garde de la personne du mineur, l'antagonisme qui existait entre ses intérêts et ses devoirs justifiait toutes les craintes (1).

Le bail du fief fut donc séparé de la garde de la personne : le premier, fructuaire et profitable, fut donné à l'héritier présomptif, la seconde au plus proche parent non héritier. « Cel qui poroit avoir la terre par la mort de l'hoir n'en aurait mie la garde. » (Anciens usages d'Artois, tit. 30).

« Bail ne doit mie garder mermiau. » (Assises de Jérusalem) (2).

Une exception cependant fut admise à cette division des pouvoirs dans certains cas où toute crainte devait être écartée en raison de l'affection et des liens étroits de parenté unissant l'enfant et le gar-

(1) Etabl. de Saint-Louis (P. Viollet), t. II, p. 221, ch. 121.

(2) Edit. Beugnot. T. I, p. 261.

dien. Ainsi, le survivant des père et mère put réunir le bail des biens et la garde de la personne. Ce fut la *garde noble privilégiée* qui, dans certaines coutumes, fut accordée également aux aïeuls (1). « Par notre coutume, la mère si son père défaut, ou il père, si li mère défaut, doit avoir le bail et la garde avant tous autres (Coutumes d'Artois). »

Cette distinction entre la garde simple et la garde privilégiée est implicitement admise par Beaumanoir (2). D'après lui « il ne doit estre de fief nulle garde », sauf au profit du survivant des père et mère ; il entend par garde ce que nous appelons garde simple, et l'exception qu'il indique est ce que nous appelons la garde privilégiée, c'est-à-dire la réunion du bail et de la garde.

Le bail ne s'appliquait qu'aux fiefs (3), la garde simple ne comportait donc pas seulement la surveillance de l'enfant et son éducation, mais encore l'administration de tous ses autres biens, y compris les autres tenures. A la différence du baillistre, le gardien ne fait pas les fruits siens, il en doit rendre

(1) Cout. de Paris, art. 265, — de Sens, tit. 16, art. 156, — de Reims, tit. 12. art. 330, — d'Orléans, tit. 1, art. 23, 26, — etc. — Disposition contraire : Meaux, ch. 19, art. 147, — Senlis, tit. 7, art. 152, — Tours, etc.

(2) Ch. 15, n. 10. Tit. I, p. 249.

(3) *Cout. de Melun*, ch. 20, art. 292. — Glasson. *Hist. du Dr. fr.*, t. 7.

compte. « Garde doit rendre compte quand elle est de vilenage (1). »

En résumé, la garde noble est une tutelle légitime instituée uniquement dans l'intérêt de l'enfant ; le bail organisé dans l'intérêt de la famille est une tutelle fructuaire établie au profit des collatéraux et n'emportant pas la garde de la personne du mineur ; enfin, la garde noble privilégiée réunit les deux précédents ; elle est fructuaire et elle concerne la personne du mineur et l'administration de tous ses biens ; elle est accordée tantôt aux ascendants, tantôt au survivant des père et mère seulement.

La garde simple existait aussi pour les roturiers, sous le nom de garde bourgeoise ; elle n'était pas admise par toutes les coutumes ; par contre, quelques-unes l'accordaient avec l'usufruit au survivant des père et mère seul (2), par extension du privilège de la garde noble, mais cette disposition paraît être de création relativement récente.

Les établissements de Saint-Louis font mention d'un droit très curieux reconnu au mineur de choisir lui-même son gardien (3).

« S'aucuns hom et sa fame muroient, cil qui de-

(1) Beaumanoir, ch. 15, n° 10, p. 249.

(2) Cout. de Paris, art. 265 et 267.

(3) Paul Viollet. *Les établissements de Saint-Louis.* liv. I, ch. CXLI, t. II. p. 271.

vroit avoir le retour de la terre si porroit bien tenir les enfanz tant que ils poïssent aler et parler. Et quant ils s'en porroient bien aller et parler à un autre de lors amis qui lor greast ou à un estrange, ils iroient bien, s'ils voloient, aus et lor terres. »

Enfin, les coutumes admettaient encore la tutelle, pouvoir d'administration analogue à la garde bourgeoise; elle s'appliquait soit à défaut de garde ou de bail, soit concurremment avec eux, pour les biens qu'ils ne concernaient pas (1); parfois aussi, elle les désignait l'un et l'autre. Elle pouvait appartenir au gardien (2).

Ce qui fait surtout la difficulté de cette matière, c'est non seulement la variété des coutumes, mais aussi la confusion des noms donnés aux institutions différentes que nous venons de voir. Nous avons essayé de donner à chacune sa physionomie propre, en la désignant par le nom qui lui convient le mieux et dont l'emploi est le plus général. Pour être exact, nous devons dire que, dans certaines coutumes, les sens sont intervertis.

C. — **Période royale.**

Dans cette période, les distinctions que nous venons d'examiner tendent à disparaître; la tutelle prend,

(1) Cout. de Normandie, art. 217.

(2) Cout. de Paris, art. 271.

au contraire, beaucoup de développement, en même temps qu'on commence à la séparer nettement de la puissance paternelle. Par-dessus tout s'élève le principe du contrôle absolu des tribunaux dans l'attribution de la garde.

En principe, la puissance paternelle appartient au survivant des père et mère ; dans certaines coutumes comme celles du Béarn, à défaut de survivant elle passe aux ascendants. Dans les Flandres, la puissance paternelle, presque aussi étendue qu'en droit romain passe, complètement à la mère survivante (1). Au cas d'un second mariage de celle-ci, elle appartient au parâtre, qui la perd à la mort de la mère. « Les enfants du mariage légitime, dit la coutume de Liège (2), sont en la puissance de leur père et advenant la mort d'icelui, tombent en la puissance et mainbournie de leur mère ; et, si elle se remarie, deviennent en celle de leur parâtre ; .... la puissance du parâtre cesse par la mort de sa femme. »

A défaut de père et de mère l'éducation est confiée au tuteur ; entre plusieurs tuteurs, le tuteur honoraire est préféré.

Voilà donc quelles étaient les règles générales relatives à l'attribution de la garde. Il s'en fallait

(1) Hainaut, ch. 52. art. 3, 5 et 11. — Mons, ch. 8, 9, 10 et 36, — Valenciennes.

(2) Ch. I. art. 7.

qu'elles fussent rigoureusement appliquées. Le contrôle des tribunaux permettait les solutions les plus contradictoires. La doctrine avait essayé de s'opposer à cet arbitraire ; Cujas (1) et Zoez (2) soutenaient qu'il fallait des circonstances extrêmement graves pour priver la mère du droit d'élever son enfant et que même le convol en second mariage ne suffirait pas (3). Ces efforts furent vains et la jurisprudence continua à donner des solutions d'espèces, sans se préoccuper d'aucune règle d'attribution.

Un arrêt du parlement de Bourgogne, du 26 mars 1675, préfère à la mère, pour l'éducation de l'enfant, l'aïeul paternel, tuteur testamentaire, parce que celui-ci offrait de le nourrir gratuitement, ce qu'elle ne faisait pas.

Le recueil d'Albert rapporte un autre arrêt où la mère fut au contraire préférée à l'oncle et tuteur, évêque de Valence, qui offrait de le nourrir.

Dans d'autres arrêts (Parlement de Toulouse, 8 janvier 1621 (4) et 16 juin 1664 (5). — Parlement de Provence, 23 mars et 28 mai 1656) (6), des pa-

(1) Obser. Liv. 6, § 29.
(2) Dig. Liv. 27, tit. 2.
(3) Montanus, Christyn, Zypeus, Voët, dans le même sens.
(4) Rec. de Cambolas. L. 4, ch. 24.
(5) Rec. d'Albert. Au mot Education : ch. 3.
(6) Boniface. T. I. Liv. 4. Tit, 2 et 3.

rents sont préférés à la mère survivante et remariée.

Quelquefois c'est la mère qui est préférée (Parlement de Grenoble 1559) (1), et dans certaines décisions, alors même qu'elle était privée de la tutelle parce qu'elle s'était remariée (Parlement de Bretagne, 9 octobre 1563 (2). — Grands jours de Poitiers, 5 octobre 1579 (3). — Id. de Clermont, 15 novembre 1582 (4). — Chambre de l'édit de Castre, 4 janvier 1647 (5). — Parlement de Bordeaux, 22 juillet 1701) (6).

Par arrêt du 14 décembre 1729, l'éducation des enfants d'un premier lit de la dame d'Imberville a été ôtée à l'oncle paternel de ces enfants, qui était leur tuteur, et cela parce que le tuteur, septuagénaire et maladif, avait une femme qui faisait profession de la religion prétendue réformée ; la Cour a accordé le soin de l'éducation à leur mère catholique, à laquelle on avait ôté la tutelle, parce qu'elle avait épousé un roturier après la mort de son premier mari ; mais la tutelle fut conservée à l'oncle (Denizart. T. 2, p. 281, n. 4.)

(1) Rapporté par Expilly.
(2) Du Fail. Liv. 3. Ch. 47.
(3) Chenu. I. Quest. 19.
(4) Id.
(5) Boni § 98.
(6) La Peyrère.

On trouve dans des arrêts la distinction entre la puissance paternelle et la tutelle qui étaient restées longtemps confondues.

Enfin, entre le gardien noble ou bourgeois et le tuteur, c'est au premier qu'est confiée l'éducation de l'enfant; la tutelle n'étant, d'après Pothier, que subsidiaire à la garde.

N° 2. — Sur les enfants naturels.

Nous n'avons presque pas de textes sur l'attribution de la garde des enfants naturels ; en revanche, les décisions de jurisprudence sont nombreuses. Le principe du contrôle des tribunaux s'applique toujours, mais il faut remarquer l'adoption d'une règle directrice presque toujours suivie : c'est la préférence accordée à la mère sans doute sous l'influence des lois romaines.

Denizart résume heureusement en trois articles la législation (1).

L'éducation de l'enfant bâtard est ordinairement déférée à la mère, à l'exclusion du père.

Cependant, la règle est de considérer l'intérêt de l'enfant et de confier son éducation à celui des père et mère en qui la justice a plus de confiance.

(1) T. I, p. 199.

Celle-ci peut même prendre un parti mitoyen en ordonnant que l'enfant sera mis dans un couvent.

On peut citer de nombreux arrêts à l'appui de ces règles.

Un arrêt du Parlement de Paris du 25 février 1783 confie à la mère l'enfant naturel malgré la volonté du père qui a la charge de la pension (1).

Un autre du 3 septembre 1785 présente comme un principe général que l'éducation de l'enfant naturel appartient à la mère (2).

Quelquefois l'enfant n'est laissé à la mère que jusqu'à un certain âge, sept ans, douze ans (3).

Il arrive qu'ils sont écartés tous deux comme indignes (Sentence du Châtelet du 20 août 1760).

Certaines coutumes des Flandres (4) présentent une disposition curieuse : tant que les père et mère sont célibataires, ils élèvent l'enfant une année chacun et à leurs frais, à moins que la mère ne consente à faire tous les frais, auquel cas elle a droit de conserver l'enfant. Celui qui se marie fournit seul les frais.

(1) Même solution : Parlement de Toulouse, 28 mai 1781 — de Grenoble, 16 janvier 1783 — d'Aix, 9 mars 1675 — de Douai, 7 janv. 1706.

(2) Ferrières. *Traité des tutelles*, p. 24.

(3) Parlement de Paris, 15 octobre 1775 — de Toulouse, 10 mars 1643 — d'Aix, 30 avril 1667, 9 mars 1675.

(4) *Cout. de Louvain*, tit. 16, art. 8, 9 et 10. — *Cout. de Malines*, tit, 18, art. 8.

Souvent, cette question était réglée à l'amiable par devant notaire entre les deux parents, et, dès lors, il n'y avait plus de difficultés, car la validité de ces contrats n'était pas contestée (1).

§ 3. — Extinction du droit de garde.

Le droit de garde disparaissait lorsque l'enfant devenait majeur ou émancipé,

A. *Majorité.* — En droit germanique, elle avait lieu de bonne heure du moins pour les fils qui sortaient du *mundium*, lorsqu'ils étaient en âge de porter les armes, tandis que les filles y restaient soumises jusqu'à leur mariage (2) ; elles passaient alors sous celui de leur mari. Le peuple décidait si l'enfant mâle était en état de porter les armes, le père ou un parent lui donnait alors le bouclier et la framée (3), l'enfant était majeur, mais il n'était probablement affranchi du *mundium* que s'il quittait le domicile paternel.

C'était la majorité essentiellement variable, la ma-

(1) Voir, pour les coutumes du Comtat, la brochure de M. L. Labande, *Autour du mariage*, p. 14 et suiv.

(2) Glasson. T. II, p. 22.

(3) Tacite. *Germanie*, § 13.

jorité de fait ; elle fut fixée ensuite à un âge déterminé, douze ans chez les Francs-Saliens, quatorze ou quinze chez les Burgondes, les Ripuaires et les Wisigoths. Mais là aussi le *mundium* subsistait-il peut-être tant que l'enfant restait au domicile paternel, car c'était avant tout une majorité politique ; et une fois majeur, fallait-il qu'il s'émancipât lui-même.

Pendant la période féodale, l'âge de la majorité varie avec les coutumes, il n'est pas le même pour les nobles et les roturiers. Dans les pays coutumiers, c'est en général 20 ans pour les premiers, les filles 15 ans, et pour les autres 14 ou 15 ans, les filles 12 ans. Dans les pays de droit écrit, la majorité était fixée à 25 ans et elle fit élever l'âge des coutumes ; on distingua d'abord le moindre âge et le plein âge, 21 ans, puis on adopta 25 ans.

B. *Émancipation.* — Nous venons de voir qu'à l'origine de l'ancien droit la majorité et l'émancipation se confondaient ou qu'elles se complétaient. Elles ne se distinguèrent bien que le jour où l'âge de la première fut assez élevé pour qu'il fût possible de le devancer.

L'émancipation s'opérait expressément par une déclaration en présence du juge (1), tacitement par

(1) *Origine romaine.* Justinien, Inst. I, XII, 6.

mariage (1) ou par domicile séparé (feux et lieu distincts) (2) pendant an et jour et quelquefois dix ans.

(1) *Cout. de Paris*, art. 239.
(2) Beaumanoir, XXI, § 20.

APPENDICE

DES DONATIONS D'ENFANT DANS LE COMTAT VENAISSIN AUX XVe ET XVIe SIÈCLES (1).

Au XVe et au XVIe siècle on avait fréquemment recours à l'intervention des notaires ; on s'adressait à eux pour toutes sortes d'actes, aussi leurs registres donnent-ils les renseignements les plus précieux non seulement sur le droit usuel, mais encore sur les mœurs mêmes du temps.

Il résulte de l'examen de certains actes rédigés par les notaires du Comtat que les donations d'enfants étaient encore employées à une époque plus récente qu'on ne le croit généralement et il semble que leur usage était assez fréquent. Rien d'étonnant à cela, si l'on songe à la simplicité de ce contrat et à la facilité avec laquelle on pouvait l'adapter aux circonstances.

(1) Nous remercions M. Labande, directeur de la Bibliothèque d'Avignon, à l'obligeance duquel nous devons la communication et la copie des documents que nous étudions et qui sont indiqués dans son intéressante brochure : *Autour du Mariage*.

Les cas d'application étaient en effet fort nombreux.

Les parents malheureux s'en servaient pour soustraire leur enfant à la pauvreté et alléger ainsi leurs charges.

C'est ce que nous voyons dans un acte fait au Thor (diocèse de Cavaillon), le 11 juin 1477 (1).

Il s'agit d'une femme Françoise Enfantine, originaire du diocèse de Grenoble et habitant le Thor (2) : considérant qu'elle est enceinte et qu'elle mettra bientôt au monde un fils ou une fille, comme elle n'a ni mari, ni autres parents et qu'elle ne peut même subvenir à ses besoins pendant le temps de ses couches, elle donne (*dedit et donavit donatione pura quæ fieri dicitur inter vivos*) à Louis Ricord, laboureur du Thor, l'enfant dont elle est enceinte, sous les conditions suivantes :

D'abord le dit Ricord devra pourvoir aux dépenses nécessaires de la mère pendant le mois de son accouchement. Celle-ci, pendant le même temps, sera tenue d'allaiter et de soigner l'enfant. Enfin, si après cela les parties ne conviennent pas d'un prix

(1) Notes brèves de Bertrand Magni, notaire du Thor, 1477, fol. 82. — Copie, Bibl. d'Avignon, ms. 2812, fol. 125. — Pièces justificatives, No I.

(2) Rapporté par M. Labande dans sa brochure : *Autour du Mariage.*

pour la garde et l'allaitement de l'enfant, le dit Ricord devra le recevoir et il pourra le mettre en nourrice où il lui plaira, sans que la mère puisse réclamer, et celle-ci sera libre de son côté de faire argent de son lait et de ses soins où elle voudra.

Un autre acte fait à Valreas le 2 septembre 1520 a la même cause (1).

Georges Tarditi, forgeron originaire du diocèse de Grenoble et habitant Valreas, étant resté veuf avec un enfant de 11 mois et ne pouvant assurer son entretien et sa nourriture, parce qu'il est pauvre, infirme et âgé, donne son fils légitime François, à Pierre Olerii, habitant de Sadaron, qui est riche et lui a déjà rendu de grands services. Ce dernier accepte et promet de nourrir et entretenir l'enfant comme s'il était né d'un de ses plus proches parents.

Ce contrat était aussi employé par la mère naturelle qui voulait se décharger de l'enfant et le donner au père naturel, comme dans cet acte fait à Avignon le 13 mai 1486 (2). Un jurisconsulte de cette ville, Jean de Revron, avait eu, lorsqu'il était juge à

(1) Notes brèves de Drivon Prévost, notaire à Valreas, 1520, fol. 139 Bibl. d'Avignon, ms. 2812, fol. 277. — Pièces justificatives, No II.

(2) Notes brèves de Jean de Garet, notaire à Avignon. — 1486 Bibl. d'Avignon, ms. 2812, fol. 143. — Pièces justificatives, No III.

Valreas, des relations avec une veuve Catherine Chloderassa ; il en était né une fille appelée Faveta. La mère vint dans la maison de Claude de Revron, père de Jean, et là, en présence du notaire et des témoins, déclara abandonner tous ses droits sur son enfant et les céder au père.

D'autres fois, au contraire, il servait à écarter la possibilité de réclamer plus tard la paternité et d'en faire valoir les droits à l'encontre de la mère. C'est l'objet d'un acte fait à Rosset, le 26 mars 1518 (1). Une fille était née des relations de Sébastienne Piquette avec Thomas Urgassii ; celui-ci abandonne tous ses droits sur l'enfant de la façon la plus complète *(dedit, donavit, quiétavit, cessit et remisit)* au profit de la mère et de son mari Etienne Augerii, présent et acceptant tant en son nom personnel qu'au nom de sa femme.

On se servait encore de ce contrat pour adopter, et c'était vraisemblablement le cas d'application le plus fréquent.

Dans ces pays où l'on suivait le Droit romain, l'adoption exigeait des conditions et des formalités qui en rendaient l'usage difficile. On s'en affranchis-

(1) Notes brèves de Claude Charpini, notaire de Rosset, reg. de 1517-1518 copie. Bibl. d'Avignon, ms. 2812, fol. 276. — Pièces justificatives, No IV.

sait en se faisant faire une donation de l'enfant, acte à la fois plus simple et plus élastique, qui permettait aux parties d'en étendre ou d'en restreindre les effets à leur gré. Il faut remarquer que dans ces contrats dont l'unique but était de donner l'enfant en adoption, les obligations du donataire sont plus complètes que dans ceux que nous avons déjà rencontrés : à l'obligation de nourrir, entretenir et soigner l'enfant, vient s'ajouter, généralement, celle de le doter, lorsqu'il sera en âge de se marier. Le résultat était donc à peu près le même que dans l'adoption, avec cette seule différence que l'enfant donné ne prenait pas, comme l'adopté, le nom, et n'héritait pas *ab intestat* de son bienfaiteur.

Tel est l'acte fait à Avignon le 19 juin 1479 (1), par lequel Jacomin Buyrete et Perrinete, sa femme, font donation, cession et remise de leur fille légitime Delphine, âgée de 7 ans, à maître Henri Mollini, notaire, et à sa femme Marguerite, sous les conditions suivantes : ceux-ci devront garder et diriger l'enfant, *bene et honeste,* comme leur propre fille, pourvoir à sa nourriture et à son entretien. la marier quand elle sera en âge, en la dotant selon leurs moyens et

(1) Notes brèves de Jean de Garet, notaire à Avignon, 1479. Bibl. d'Avignon, ms. 2812, fol. 123. — Pièces justificatives, N° V.

l'état de l'enfant. Buyrete et sa femme ne devront rien faire pour la reprendre, et Delphine devra être fidèle et obéissante, comme si elle était la fille des donataires.

Dans un autre acte fait au Thor le 16 novembre 1478 (1), la communauté du Thor, par l'intermédiaire de ses syndics, fait donation et remise d'une enfant trouvée qu'elle élevait à Antoine Auquier et à sa femme, désireux de l'adopter pour remplacer une fille, du même nom d'Agnès, qu'ils avaient perdue. Ceux-ci s'engagent comme dans l'acte précédent et reçoivent 18 gros pour l'habiller.

Clauses semblables dans un acte fait à Avignon le 2 février 1451 (2) : une femme donne sa fille, âgée de 10 ans, à Jean Bonsac, laboureur d'Avignon, et à sa femme, lesquels s'engagent à l'élever, à la doter et à la marier sans que la mère ou les parents puissent réclamer.

Ces actes montrent la variété des cas d'application et l'usage fréquent qui en était fait en raison de leur commodité. Ils répondaient à un besoin, à une nécessité sociale, et l'on ne peut les parcourir sans songer

(1) Notes brèves de Bertrand Magni, notaire du Thor, 1478, fol. 189. Bibl. d'Avignon, ms. 2812, fol. 127. — Pièces justificatives, No VI.

(2) Notes brèves de Jean Morelli, notaire d'Avignon, 1451, fol. 38. Bibl. d'Avignon, ms. 2812, fol. 40. — Pièces justificatives, No VII.

aussitôt aux cessions judiciaires de la puissance paternelle que la loi du 24 juillet 1889 a organisées et qui, elles aussi, ont été créées sous l'influence des mœurs et en raison des exigences de la pratique.

DEUXIÈME PARTIE

DROIT FRANÇAIS

Les législateurs du Code civil ont seulement entrevu la question du droit de garde ; ils n'en ont surtout pas prévu l'importance, les conséquences multiples et les difficultés d'application. Malgré les demandes précises du premier Consul (1), ils en renvoyèrent l'examen parmi ces *questions de détail* qui ne furent jamais étudiées.

Les textes (2) sont aussi rares qu'incomplets ; aussi est-il nécessaire, pour obtenir une théorie d'ensemble, de remonter souvent aux principes généraux de la puissance paternelle, et d'en tirer toutes les déductions permises par la rigoureuse logique. Heureusement ceux-ci ont été posés d'une façon très nette par les rédacteurs du Code.

Avec cette direction, nous aurons toujours l'esprit de la loi quand la lettre fera défaut.

(1) Procès verbal de la séance du 26 frimaire an X (17 décembre 1801). — Locré. Législ. civ. et com., t. VII, p. 21.

(2) Art. 141, 302, 303, 373, 374.

CHAPITRE PREMIER

NATURE, CARACTÈRES ET SANCTION DU DROIT DE GARDE.

§ 1. — Nature.

Le droit de garde est, avons-nous dit, le droit de conserver l'enfant auprès de soi et de le placer dans tous les lieux où on croit devoir le faire.

Il est consacré, dans notre législation, par l'article 374 du Code civil : l'enfant ne peut quitter la maison paternelle sans la permission de son père.

Tout le monde admet que la maison paternelle comprend les lieux choisis par le père pour la résidence de l'enfant, tels que les pensions, collèges, maisons d'apprentissage, et que le mot *père* comprend aussi la mère, lorsque c'est elle qui exerce la puissance paternelle.

Ceci posé, il convient de rappeler quel est, rationnellement, le rôle du droit de garde dans le fonctionnement de la puissance paternelle.

Celle-ci consiste en un devoir d'éducation auquel correspond un droit de même nature ; ce droit ne peut s'exercer qu'en ayant l'enfant à sa disposition, sous sa garde : le droit de garde est donc la condition d'exercice de ce droit d'éducation duquel dérivent les autres attributs.

Il en résulte que celui qui perd le droit de garde perd, en même temps, non pas la puissance paternelle, mais son exercice.

Retenons cette conclusion et cette distinction ; elles nous donneront la réponse à bien des difficultés.

§ 2. — Caractères.

Le Droit de garde est souverain et inaliénable.

A. — *Souveraineté.*

En disant que le Droit de garde est souverain, nous entendons seulement que les tribunaux ne peuvent pas s'immiscer dans son exercice. Ils peuvent bien, il est vrai, en priver le père indigne, — nous verrons plus tard comment et à quelles conditions, — ils ne peuvent pas, en dehors des cas prévus par la loi, l'obliger à agir contre son gré. En d'autres termes, s'ils interviennent pour attribuer le Droit de garde, ils n'ont pas à le faire pour régler la façon dont il devra être exercé. Le père dont le droit n'est pas contesté, s'en sert comme il veut, il place son enfant où cela lui plaît ; tout ce que les tribunaux peuvent faire, c'est de lui enlever la garde dans les cas où la loi le leur permet. En dehors de ceux-ci, aucun texte n'autorise leur intervention ; c'est assez pour la repousser.

Le principe de la souveraineté est du reste plus conforme à la pensée des législateurs du Code ; ils ont estimé avec raison que les pères et mères seraient les meilleurs éducateurs de l'enfant et qu'ils prendraient à son égard les mesures les plus sages.

D'ailleurs nous le trouvons préférable au système de l'intervention des tribunaux ; nous pensons que l'introduction de la justice dans la famille est un mal qu'il faut éviter. Il n'est pas bon de paralyser l'autorité paternelle en mettant en question, sans graves raisons et sans règles fixes, le Droit de garde et par conséquent le droit d'éducation.

Admettre dans d'autres conditions le contrôle des tribunaux, c'est faire ceux-ci juges de l'établissement, du pensionnat, de l'atelier, dans lequel le père devra placer son enfant, car, une fois engagé dans la voie de l'arbitraire, on ne s'arrête plus (1).

Il reste encore une objection ; on se demande en effet, si les tribunaux pouvaient intervenir, qui pourrait les saisir. Ce ne sont ni les parents ni les tiers,

(1) Arrêt de Bordeaux, 6 juillet 1832. Dalloz. *Rep. Mariage*, nº 611. Laurent, T. III, nº 42, en ce sens.

ils n'ont aucun droit sur la garde, donc pas d'action; ce n'est pas non plus le tuteur quand il y en a un, car son droit n'est que subsidiaire.

Sera-ce la mère ? on ne peut guère l'admettre, lorsqu'elle est mariée avec le père, en présence du texte formel et catégorique de l'article 373 du Code civil. Reste le cas où elle est divorcée et par analogie celui où elle n'est pas mariée, ce sont les seuls où elle puisse saisir les tribunaux ; son droit de surveillance est consacré par l'article 303 du Code civil. Ces exceptions confirment la règle que nous avons posée plutôt qu'ils ne l'infirment.

Sera-ce le ministère public ? La négative nous paraît certaine, sauf le cas prévu par l'article 302 du Code civil, exception analogue à celle que nous venons de voir pour la mère. En effet, il ne peut agir en matière civile en dehors des cas spécifiés par la loi ; or en indiquant celui de l'article 302, elle fournit un argument *a contrario* en faveur de l'opinion que nous soutenons. Mais n'est-ce pas là une matière d'ordre public et dès lors ne peut-il agir d'office (1) ? Si telle avait été la pensée du législateur, il serait étrange qu'il ait justement spécifié, pour un cas dans lequel les principes ne s'opposaient pas,

(1) Art. 46 de la loi du 20 avril 1810.

à ce que le ministère public agisse même sans texte.

Demolombe (1) avance l'opinion contraire sans trop oser la soutenir ; peu importe que ce soit celle de Pothier et de l'ancien droit, il ne faut pas oublier que le législateur du Code civil a voulu réorganiser complètement la puissance paternelle ; cette considération affaiblit singulièrement la portée des arguments tirés de la législation antérieure.

L'enfant pourrait-il du moins saisir le tribunal s'il était parvenu à l'âge du discernement ? Pas davantage ; les mineurs n'ont pas qualité pour agir en justice.

En résumé le père qui exerce le droit de garde sans partage est seul juge de la façon dont il croit devoir l'exercer ; il place son enfant où il veut et personne ne peut l'obliger à la modifier. Voilà en quoi le droit de garde est souverain.

Exception. — Cette souveraineté reçoit une exception en cas d'engagement volontaire. Dès l'âge de 16 ans dans la marine, de 18 ans dans l'armée de terre, le mineur peut s'engager ; avant la loi du 15 juillet 1889 sur le recrutement de l'armée, il n'avait besoin d'aucune autorisation, aujourd'hui il

(1) *Droit civil*, T. 4, n° 9.

lui faut celle du père ou de la mère qui exerce le droit de garde. du moins jusqu'à l'âge de 20 ans. A ce moment, elle n'est plus indispensable.

Il y a une double raison à cette exception : d'abord une raison historique, de tout temps on a voulu favoriser le recrutement de l'armée et les engagements volontaires. A l'objection que cela n'est plus nécessaire, puisque tout le monde est soldat, on répond par la deuxième raison : il peut y avoir intérêt pour un jeune homme à s'engager, ne fut-ce que pour choisir l'arme et le corps où il veut servir. On a reculé l'âge à la dernière limite afin de respecter le plus possible le droit de garde sans entraver la vocation du fils.

B. — *Inaliénabilité.*

Le droit de garde est inaliénable, par conséquent, incessible par contrat, indisponible par testament et imprescriptible. En effet, la puissance paternelle est d'ordre public et aucune convention ne peut y déroger ou la modifier ; il en sera de même évidemment pour le droit de garde qui est sa condition d'exercice. On comprend la raison qui a poussé le législateur à prohiber cette aliénation : il organise la puissance paternelle en ayant égard aux garanties que donnent les liens d'affection unissant l'enfant au père. Si celui-ci avait pu céder son droit, la situation n'aurait plus été la même et l'éducation se serait trouvée confiée à des personnes dont les sentiments n'offrent plus la même sécurité.

a) — Incessibilité.

Le droit de garde est donc incessible et toute convention qui lui porterait atteinte sera nulle, alors même qu'elle serait contenue dans le contrat de mariage le plus favorable de tous (1) (art. 6 et 1388 Code civ.). Cela ne veut pas dire que le père ne peut pas confier à un tiers la garde de son enfant, mais seulement qu'il ne peut se dépouiller de son droit d'une façon formelle, même pour une durée limitée.

Exceptions. — 1° Le Code fait une première exception à ce principe en faveur de la tutelle officieuse dont nous nous occuperons plus loin ; il y a là une situation spéciale et tout avantageuse pour l'enfant, qui méritait cette dérogation. Ajoutons que c'est une exception presque théorique, la tutelle officieuse ayant peu pénétré dans la pratique ;

2° Une seconde exception, nécessitée au contraire par des difficultés pratiques, a été admise par la loi du 29 juillet 1889. Auparavant, lorsque des enfants

(1) Telle est la clause par laquelle les enfants issus du mariage seront élevés chez les grands parents, ou seront confiés à tel ou tel des époux en cas de séparation.

étaient recueillis par l'Assistance publique ou des personnes charitables, on faisait signer aux parents une renonciation à leurs droits. Ceux-ci se tenaient tranquilles pendant la jeunesse de l'enfant, mais, dès qu'il arrivait à un âge où, par suite de son travail, il devenait productif, ils réclamaient leurs droits. Vainement leur opposait-on leur renonciation, elle était nulle, la puissance paternelle étant inaliénable. C'est pour obvier à cet état de choses que les articles 17 et 18 de la loi du 29 juillet 1889 ont autorisé les pères, mères ou tuteurs à faire une cession judiciaire de tout ou partie des droits de la puissance paternelle au profit des administrations, associations ou particuliers qui ont accepté la charge des mineurs de 16 ans.

Néanmoins, cette cession n'est pas irrévocable et l'article 21 indique les formes et les conditions dans lesquelles se fera la restitution de ces droits.

b) — **Indisponibilité par testament.**

Le père ne peut disposer par testament de la garde de l'enfant ; à sa mort, la dévolution légale doit s'opérer au profit de la mère. A défaut de celle-ci, les tribunaux ont le pouvoir d'attribuer la garde, et la désignation du père ne saurait les lier : seul l'intérêt de l'enfant doit leur servir de guide.

En disant que le père ne peut disposer par testament de la garde, nous voulons dire qu'il ne peut en disposer obligatoirement (1).

c) — **Imprescriptibilité.**

L'incessibilité entraîne avec elle l'imprescriptibilité. La prescription étant une cession involontaire ou détournée ne peut pas plus être admise qu'une cession formelle, car la loi ne permet pas de faire indirectement ce qu'elle défend de faire directement.

Il s'ensuit que le père qui laisse son enfant à des tiers pendant un temps quelque long qu'il soit, n'est pas déchu par ce seul fait de son droit de garde ; s'il en réclame l'exercice, celui auquel l'enfant était confié sera tenu de le restituer, à moins qu'un jugement de déchéance n'ait été rendu conformément à l'article 19 de la loi du 29 juillet 1889 ; auquel cas ce jugement pourra même être réformé si le père allègue des motifs sérieux pour expliquer son abandon. D'ailleurs, dans cette hypothèse, si le tiers retient l'enfant, c'est en vertu du jugement et non d'une prescription quelconque.

Ainsi jugé par la Cour de Rouen, le 4 janvier 1883 (2) :

« Les droits de garde et d'éducation qui appar-

(1) En ce sens : Trib. civ. de Lille, 12 juin 1884. *Gaz. Pal.*, 84, 2, 316.

(2) Dalloz, 83, 2, 155.

tiennent à la mère survivante vis-à-vis de son enfant mineur, sont des attributs imprescriptibles de la puissance paternelle ; elle ne peut en être privée alors même qu'elle aurait momentanément renoncé à leur exercice que si elle a été frappée par certaines dispositions des lois pénales ou lorsque son indignité est démontrée. »

§ 3. — Sanction du droit.

La loi a posé le principe du Droit de garde dans l'article 374, mais elle n'en a pas indiqué la sanction ; nous devons donc nous reporter au droit commun.

Nous avons à envisager deux hypothèses ; d'abord celle où l'enfant a quitté de son propre gré le domicile paternel et ensuite celle où il est retenu chez un tiers. Dans le premier cas le gardien a le droit de faire ramener l'enfant fugitif, dans le second celui de se le faire rendre.

Cette division n'est pas arbitraire ; il y a intérêt à distinguer ces deux situations au point de vue de la procédure et de la compétence (1).

(1) Leloir. *Code de la Puiss. Pat.*, t. 1, nº 109.

A. — *Droit de faire ramener l'enfant.*

Conformément au droit commun, l'auteur qui a la garde pourra demander le concours de la force publique pour faire ramener l'enfant qui aurait quitté la maison paternelle sans sa permission. C'est ce qui ressort des paroles prononcées par le premier Consul au cours des travaux préparatoires : « Le fils ne peut sans le consentement de son père quitter la maison paternelle, ni voyager ; s'il se le permet, le père a le droit de le faire ramener. »

Cette solution est unanimement admise : on ne pourrait lui objecter que la contrainte par corps est abolie, l'enfant n'est pas un débiteur; mais un droit, comme dit Demolombe, doit avoir une sanction et c'est la seule possible. Les difficultés et les divergences commencent lorsqu'on demande à qui il faut s'adresser pour mettre en mouvement la force publique et faire ramener l'enfant.

Nous écartons d'abord l'hypothèse où l'enfant est en état de vagabondage ; il est certain que le ministère public pourrait le faire arrêter, ramener et rendre au père sur sa réclamation. Nous supposons qu'aucun délit n'a été commis.

Peut-on s'adresser au parquet ? Un jugement de Liége du 12 avril 1842 a admis l'affirmative. Laurent (1) repousse cette solution et ne veut pas de l'intervention du ministère public, parce qu'il n'y a pas eu délit.

D'après lui, comme il n'y a pasde texte, il faut appliquer le droit commun et un jugement est nécessaire.

Une troisième opinion adoptée par la majorité des auteurs (2) enseigne qu'il suffit d'une ordonnance du président. S'il s'agissait, dit-on, de faire détenir l'enfant correctionnellement l'ordonnance du président suffirait (art. 376 et 377 C. civil) ; pourquoi n'en serait-il pas de même pour le faire ramener, ce qui est une mesure assurément moins grave ? M. Huc ajoute : « Théoriquement la seule qualité de père devrait suffire pour requérir l'intervention de la force publique, mais cette qualité n'est pas évidente, l'ordonnance du président aura pour effet de la certifier (3). »

Le président compétent est celui du domicile du père, quel que soit le lieu où se trouve le mineur.

B. — *Droit de se faire restituer l'enfant.*

Celui qui a la garde d'un enfant aura le droit de se le faire rendre, toutes les fois que celui-ci se trou-

(1) *Principes du Droit civil,* t. 4, n° 272.

(2) Demolombe, t. VI, n°s 306 et 307. Huc. *Comm. Théor. et prat. du Code civ.*, t. III, p. 184. Boistel, p. 288.

(3) Huc. T. III, p. 185.

vera en d'autres mains que les siennes. Les difficultés se produiront souvent entre époux divorcés ou en instance de divorce, parce que l'enfant n'est pas, en fait, avec celui auquel, en droit, il est confié ; elles se présentent aussi entre le survivant des auteurs et les grands parents qui élèvent le mineur. Mais il y a d'autres cas, tels ceux où un patron, un maître de pension, une nourrice refusent de rendre l'enfant sous le prétexte que les sommes dues pour l'apprentissage ou la pension ne leur ont pas été payées.

Dans la première hypothèse que nous avons indiquée, le gardien pourra agir directement en vertu de l'ordonnance ou du jugement ; dans les autres, il lui faudra un titre exécutoire qu'il obtiendra par une action analogue à l'action en revendication et susceptible d'être exercée par voie de référé. En effet, l'enfant n'est pas un gage, il ne peut être retenu contre la volonté du gardien, et, comme les droits de la puissance paternelle touchent à l'ordre public, il y a urgence à faire cesser une situation qui y porte atteinte (1).

Le juge compétent est, selon le système adopté sur la compétence du président statuant en référé,

(1) En ce sens, Aubry et Rau. T. VI, § 550. — Demolombe. T. VI, Nos 306 et 307. — Leloir. No 108.

Marseille, 14 janvier 87, Rec. d'Aix, 87, 2, 227.

soit celui du domicile du défendeur, soit devant celui du lieu où l'ordonnance doit être exécutée (1).

Il faut maintenant examiner de quelle façon on pourra faire exécuter le jugement et l'ordonnance. Le Code civil étant muet sur la question, la doctrine et la jurisprudence ont tiré des principes généraux plusieurs moyens que nous allons examiner.

a) — **Emploi de la force armée.**

Le premier moyen consiste à demander à la justice l'autorisation de faire accompagner l'huissier par des agents de la force publique, afin d'assurer l'exécution du jugement. C'est celui que bien des auteurs, et la jurisprudence avec eux, accordent également au mari pour obliger sa femme à réintégrer le domicile conjugal, mais alors il est en général inutile, puisque le mari ne peut enfermer sa femme et que celle-ci ne manquera pas de s'en aller aussitôt. Pour l'enfant, il est au contraire très efficace ; la surveillance est plus facile, le gardien a la facilité de le mettre en pension, et même, si cela est nécessaire, de le faire détenir correctionnellement. De plus, les articles 354 et suivants du Code pénal, qui punissent le rapt des mineurs, lui fourniront une arme redoutable contre les tiers qui voudraient enlever l'enfant.

(1) Leloir. No 109.

Un jugement du tribunal de la Seine du 22 janvier 1892 (1) a autorisé l'emploi de la force armée pour assurer l'exécution du dit jugement.

La plupart des auteurs sont dans ce sens (2).

b) — Dommages-intérêts.

La jurisprudence emploie aussi, pour faire exécuter les jugements, la condamnation à une somme fixée pour chaque jour de retard à titre de dommages-intérêts. La légalité de cette pratique est assez contestée.

Ses partisans (3) s'appuient sur l'article 1142 du Code civil d'après lequel les obligations de faire se résolvent par des dommages-intérêts, mais ils ne s'entendent pas sur la question de savoir au profit de qui ces dommages-intérêts doivent être alloués : pour les uns, c'est au profit du gardien (4), pour les autres au profit de l'enfant (5). La jurisprudence évite en général de se prononcer (6).

(1). *Gaz. des Trib.*, 19 mars. 92.

(2) Laurent. T. III, n° 256. — Coulon, *le Divorce*, t. IV, p. 259. — Goirand, p. 159. — Vraye et Gode, t. II, n° 528. — *Contra* : Delvincour, t. I, p. 75, note 4. — Duranton, t. II, n° 440.

(3) Vraye et Gode, t. II, n. 528. — Coulon, t. IV. p. 258. — Delvincourt, t. II, p. 84. — Curet, *Sép. de corps et div.*, n. 292.

(4) En ce sens la plupart des partisans des dommages-intérêts.

(5). M. Labbé. Note dans Sirey 78. 1. 193 — 82. 1. 20.

(6). Cass. 4 nov. 64 (D. 65. 1. 390). — Id. 4 avril 63 (D. 68. 1. 387). — Id. 7 août 76 et 13 fév. 77 (D. 78. 1. 125). — Cass. Belge,

Un parti important (1) dans la doctrine repousse ce moyen d'exécution, tout en le regrettant à cause de sa commodité.

M. Huc demande comment on peut parler de créance, alors qu'on ne sait même pas qui est créancier, et M. Goirand dit en résumant l'argumentation de Laurent : « Quelle perte éprouve le père à qui on refuse de remettre ses enfants ? Quel est le gain dont il est privé ? Quel est en un mot le dommage qu'on lui a causé ? » Questions intéressantes et décisives en présence du texte de l'article 1149, qui indique la base sur laquelle doivent être évalués les dommages-intérêts.

Nous croyons aussi que l'article 1142 du Code civil n'est pas applicable ; il faut le déplorer, car c'est un moyen d'exécution très pratique. Mais on ne peut oublier que l'article 1142 se trouve au livre III, titre III du Code, lequel est intitulé : *des contrats ou des obligations conventionnelles*. Il n'y a ici ni contrats, ni obligations conventionnelles, et l'appliquer, c'est être en dehors de la loi et des prévisions du législateur.

15 mars 83. (S. 88. 4. 23). — Seine, 22 Janvier 92. — (Gaz. Trib. 19 mars 92). — Trib. civ. de Bordeaux, 7 janv. 95 (Rec. de Bordeaux 95. 2. 37). — Nancy 25 janv. 73. — (D. 73. 2. 11.)

(1) Laurent t. III, nº 256. — Huc. t. II. nº 352. — Goirand, p. 159.

c) — Astreinte.

L'astreinte est une condamnation éventuelle à une somme déterminée en bloc ou pour chaque jour de retard ; mais, à la différence des dommages-intérêts, elle est fixée arbitrairement par le juge qui n'est plus tenu de réparer seulement le préjudice éprouvé. Le but qu'elle poursuit est moins d'accorder une réparation que de vaincre une résistance : il faut donc avoir égard à l'intensité de cette résistance et à la fortune de la personne qui résiste. Elle est la menace d'une pénalité en cas d'inexécution, tandis que les autres sont une indemnité : les tribunaux réunissent souvent les deux dans la somme fixée.

Cette pratique est encore plus illégale et plus contestée que la précédente. Elle rencontre des oppositions, même dans la jurisprudence, et la doctrine la repousse unanimement (1).

Un arrêté de la Cour de cassation belge, du 5 août 1880, la critique en ces termes (2) :

« Si toute obligation de faire se résout en domma-
« ges-intérêts en cas d'inexécution, ceux-ci ne pour-
« ront dépasser le préjudice réel qui en est la consé-
« quence, ni se mesurer à la force de résistance et à

(1) Fonvieille. *Du Divorce*, p. 116. — Em. Barbier, p. 160.

(2) Pandectes belges. Au mot Astreinte, p. 972, note 2.

« l'importance des revenus de la partie en demeure « de s'exécuter.

« D'autre part, aucune disposition légale n'auto- « rise les tribunaux civils, pour assurer l'exécution « de leurs dispositions, à prononcer des condam- « nations pécuniaires, à titre de sanction ou de con- « trainte ; cette pratique consacrerait une véritable « usurpation d'un droit de punir, d'autant plus dan- « gereux qu'il serait abandonné à l'arbitraire, alors « qu'en matière répressive même, le législateur ren- « ferme ce droit dans de strictes limites. »

L'arrêt montre ensuite dans l'espèce (1) le danger de cette pratique, dont le résultat le plus clair était la vente judiciaire à bas prix d'un domaine de seize cents mille francs qui, protégé par l'inaliénabilité dotale, serait devenu plus tard la propriété des enfants.

Nous estimons, quant à nous, qu'on doit s'en tenir à la maxime : pas de peine sans texte.

d) — Saisie des revenus de la femme.

C'est encore la jurisprudence qui a imaginé ce moyen déjà employé pour contraindre la femme à réintégrer le domicile conjugal. Il ne s'applique, bien entendu, qu'en cas de divorce ou de séparation, et contre la femme seulement. Ses partisans s'appuient

(1) Aff. Beauffremont.

sur un avis du Conseil d'État, qui a reconnu pour les tribunaux le droit de s'inspirer des mœurs et des circonstances pour l'exécution des décisions de ce genre. Or, ce moyen est très moral. Malheureusement il est arbitraire. La saisie des revenus est un mode d'exécution qui suppose des rapports de créancier à débiteur ; si la femme qui refuse de réintégrer le domicile conjugal peut, à la rigueur, être considérée comme débitrice, en raison de l'obligation qu'elle a contractée par le mariage, il n'en est plus de même de celle qui refuse de rendre des enfants qu'elle garde malgré une décision de justice (1).

Nous croyons qu'un texte serait nécessaire.

§ 4. — Restrictions légales.

Plusieurs lois ont apporté à l'exercice du droit de garde des restrictions qu'il convient de signaler et d'examiner sommairement. Elles ont pour objet la protection des enfants du premier âge et la réglementation du travail des enfants. Le législateur a eu grandement raison de les établir ; l'enfant, avant tout, doit être protégé, les droits du père n'ont pas d'autre but ; par conséquent, les restrictions légales

(1) Vraye et Gode, t. II, p. 25. — Dans le même sens : Laurent, t. III, n° 256. — Goirand, p. 160. — Duranton, t. I, n° 367.

sont moins des atteintes portées à ces droits que le complément nécessaire de la protection venant de ceux-ci.

Ces lois procèdent par des prohibitions adressées tantôt au père, tantôt à des tiers.

A. — *Protection des enfants du premier âge.*

Elle a été organisée par un décret des 27-28 février 1877 pris en vertu de l'article 12 de la loi du 23 déc. 1874.

Lorsqu'un enfant âgé de moins de deux ans est placé en nourrice, en garde ou en sevrage hors du domicile de ses parents et moyennant un salaire, les parents et la nourrice doivent chacun en faire la déclaration à la mairie de leur commune respective.

De la sorte, le Préfet du département peut exercer une surveillance sérieuse par l'intermédiaire du Comité départemental et des commissions locales, surveillance évidemment nécessaire toutes les fois qu'une personne se charge d'un enfant moyennant salaire, car il est à craindre que, loin des parents, ces soins mercenaires ne soient pas toujours donnés d'une façon parfaite et dévouée.

B. — *Contrat d'apprentissage.*

La loi du 12 février 1851 relative aux contrats d'apprentissage apporte une restriction légale au droit de garde en imposant au père une forme de contrat et en lui interdisant de confier l'enfant à ceux qu'elle juge incapables ou indignes (1).

Le contrat d'apprentissage passé soit par les parents, soit même par une personne étrangère représentant l'apprenti et autorisée par le juge de paix, est légalement obligatoire. Si le père, en vertu de son droit de garde qui est incessible, réclame son enfant au mépris de la convention, alors même qu'il y est étranger, il obtiendra certainement la restitution du mineur, mais il est passible de dommages-intérêts envers le maître. Enfin elle détermine la durée et la nature du travail ainsi que l'âge minimum de l'apprenti (2).

Le but du législateur a été de garantir l'enfant dans le présent et aussi pour l'avenir contre la cupidité de certains parents qui, tenant compte de leur intérêt plutôt que de celui de l'enfant, auraient pu le placer

(1) Art. 4, 5, 6 et 7 de la loi.

(2) 12 ans sous l'empire de la loi, 13 ans depuis la loi du 2 nov. 1892.

chez des maîtres peu scrupuleux, ou auraient rompu le contrat à son détriment (1).

C. — *Travail des enfants.*

Le travail des enfants est réglementé par trois lois successives du 24 mars 1841, du 19 mai 1874 et du 2 nov. 1892.

Elles procèdent d'une autre façon ; elles ne font pas de restrictions directes du droit de garde et d'éducation, leurs prohibitions s'adressent au patron qui, seul, encourt des pénalités.

Mais, fixer l'âge et les conditions du travail, défendre certaines industries, c'est assurément empêcher, par contre-coup, le père de faire travailler son enfant à l'âge, dans les conditions ou dans l'industrie qu'il veut ; c'est, par conséquent, une entrave au droit de garde.

Voici, en deux mots, les principales prescriptions de ces lois : Age d'admission dans les ateliers, fixé à 13 ans ; de plus, jusqu'à 16 ans, nécessité d'un certificat d'aptitude physique ;

Durée de la journée légale fixée à 11 heures pour les jeunes gens âgés de moins de 18 ans et les filles mineures ;

(1) Voir Drucker, *La Protection des enfants*, p. 72 et suiv.

Interdiction du travail de nuit.

Les enfants qui travaillent dans la maison paternelle ou sous l'autorité de leur père ne sont pas soumis à ces prescriptions.

Une autre loi protectrice de l'enfant est celle du 7 décembre 1874 relative aux enfants employés dans les professions ambulantes. Elle s'adresse au père comme à l'étranger et elle interdit de faire exécuter des exercices périlleux à des enfants de moins de 16 ans, de les exhiber dans des représentations (12 ans pour les parents) ou de les employer à mendier.

Elle touche ainsi surtout au droit d'éducation.

La loi du 19 avril 1898 a étendu les pénalités de cette loi à toutes les personnes qui ont autorité sur l'enfant ou qui en ont la garde.

CHAPITRE II

QUI EXERCE LE DROIT DE GARDE ?

Comme la puissance paternelle, le droit de garde appartient également au père et à la mère, et à eux seulement. Nous allons étudier dans ce chapitre par qui il est exercé.

Une première distinction s'impose entre les enfants légitimes et les enfants naturels.

SECTION PREMIÈRE

SUR LES ENFANTS LÉGITIMES.

Nous avons à examiner trois situations possibles : la première est celle d'un mariage normal, la deuxième celle d'un mariage modifié par certains faits judiciaires, la troisième celle d'un mariage dissous.

§ 1. — Pendant le mariage.

Plusieurs hypothèses doivent être envisagées successivement.

A. — *Le père est capable et présent.*

Lorsque les auteurs de l'enfant sont mariés et que le père est capable et présent, c'est lui qui exerce le droit de garde avec les autres attributs de la puissance paternelle. Cela résulte de l'article 373 du Code civil : *le père seul exerce cette autorité durant le mariage.* Le texte ne nous parle que de l'exercice, les droits eux-mêmes appartiennent également au père et à la mère, puisqu'ils dérivent de la génération ; cela est certain.

Le législateur a pensé avec raison que dans l'intérêt de l'enfant il fallait, pour son éducation, une direction unique : la mère étant soumise elle-même à l'autorité du mari, la suprématie de celui-ci comme père était tout indiquée. Or, lui confier l'exercice de la puissance paternelle, c'était lui donner le droit de garde dans toute sa plénitude, puisque celui-ci en est la condition d'exercice.

Le père l'exercera donc sans entraves ; il placera

l'enfant dans une maison d'éducation ou en apprentissage ; s'il le préfère, il le conservera avec lui. Il est maître d'agir comme bon lui semble et sans que la mère puisse intervenir d'une façon quelconque. Tel est du moins le droit strict, mais, en fait, dans la plupart des familles, les époux se consultent toujours avant de prendre une décision aussi importante pour eux qu'est l'éducation de l'enfant. De cette façon, la mère exerce les droits qui lui appartiennent, bien plus heureusement qu'elle ne le ferait armée d'un droit de contrôle capable surtout d'envenimer les discussions et de rendre les concessions moins faciles.

Mais ce ne sont pas les familles unies que nous devons étudier ici, pour elles le droit n'existe pas ; ce sont celles dans lesquelles se produisent des divergences de vues et de sentiments plus ou moins graves.

Quelle sera donc la situation de la mère si le père, abusant de son autorité, l'empêche de communiquer avec l'enfant ou bien lui cache le lieu d'apprentissage ou d'éducation ?

Pourra-t-elle saisir les tribunaux d'une demande tendant à faire régler l'exercice du droit de garde de manière à concilier les pouvoirs reconnus du père avec le droit de la mère ?

En présence du texte formel de l'article 373, cela ne nous paraît pas possible tant que dure le mariage :

le père seul, dit-il, *exerce cette autorité durant le mariage.*

D'ailleurs, si nous admettions l'intervention de la mère dans ce cas extrême, pourrions-nous la refuser dans d'autres ? Pourrions-nous l'empêcher par exemple d'intenter une action pour faire placer l'enfant dans telle autre pension ou tel autre atelier ?

Assurément non, ce serait arbitraire, et, si nous l'acceptions, la garde ne serait plus exercée par le père seul.

La seule solution pour la mère sera d'intenter une action en divorce ou en séparation de corps basée sur les sévices et l'injure que lui fait subir son mari en la privant de tout rapport avec ses enfants ; les tribunaux pourront alors régler le droit de garde en se prononçant sur l'action dont ils seront saisis.

D'autres difficultés (1), celles-là très fréquentes, ainsi qu'en témoignent les recueils de jurisprudence, se produisent sur le point de savoir si les grands-parents ont un droit quelconque à la garde. On se demande, à cette occasion, quels doivent être leurs rapports avec leurs petits-enfants.

Les questions posées dans les différentes espèces

(1) Elles se produisent presque toujours après le décès de l'un des époux ; nous les étudions néanmoins ici parce que, théoriquement, elles peuvent se produire dans toutes les hypothèses.

soumises aux tribunaux se réduisent aux trois suivantes :

Les grands-parents peuvent-ils intervenir lorsque l'éducation des enfants ne leur paraît pas réunir les conditions désirables ?

Peuvent-ils obtenir des tribunaux que l'enfant leur soit confié au moins un certain nombre de jours chaque année ?

Peuvent-ils obtenir de le voir ?

Avant d'y répondre, il convient de rappeler que ni le droit naturel, ni le Code civil ne font participer vraiment les grands-parents à la puissance paternelle. Ils n'ont pas le devoir d'éducation, ils ne peuvent avoir les droits qui en découlent. En vain invoque-t-on les droits et les devoirs réciproques dont parle le Code : nous avons montré que c'étaient seulement des droits de famille. Or, l'article 373 est catégorique ; pour faire une exception, surtout à une règle d'ordre public, il faudrait un texte que nous n'avons pas.

Ces principes posés, nous disons que les grands-parents n'ont pas qualité pour intervenir dans l'exercice des droits de garde. La mère ne le peut pas, malgré l'existence de ses droits ; à plus forte raison ceux qui n'en ont pas. Ils ne pourront pas davantage obtenir des tribunaux que l'enfant leur soit confié, même quelques jours seulement chaque année ; le droit de garde est souverain, et une pareille autorisation lui ferait échec.

Nous croyons, au contraire, qu'ils doivent obtenir de voir leurs petits-enfants malgré l'autorisation du père. Ce *droit de visite* ne porte pas atteinte au droit de garde, et, d'un autre côté, on ne peut oublier les devoirs d'honneur, de respect et d'affection qui existent de descendants à ascendants, et sont même consacrés par le Code civil (1). Le père ne doit pas les méconnaître en empêchant ses enfants de les remplir.

La jurisprudence surtout récente est presque unanimement dans le sens des solutions que nous avons données aux trois questions (2).

Cependant certaines décisions accordent aux grands parents que l'enfant fasse chez eux un séjour de courte durée chaque année (3). Nous pensons que c'est aller trop loin. Strictement, le père ne devrait pas être tenu de le faire conduire chez eux : nous

(1) Interprétation extensive de l'art. 371 admise par Demolombe, t. VI, nº 273. — Aubry et Rau, t. VI, § 552. — Demante et Colmet de Santerre, t. II, nº 118 bis.

(2) Bourges, 8 décemb. 84 (D. 86. 2. 78). — Lyon, 27 mars 86 (D. 87. 2. 155). — Agen, 6 nov. 89 (D. 90. 2. 25). Note de M. de Loynes. — Cass. civ. 28 juillet 91 (D. 92. 1. 70). (Pand. Fr. 92. 1. 57). Note de M. Charmont. — Paris, 26 fév. 92 (D. 92. 2. 311). — Paris, 24 juin 92 (D. 93. 2. 81). — Seine, 7 nov. 95 (Journal *Le Droit*, 10 décemb. 95). — Trib. civ. de Mayenne, 12 août 96. (Journal *La Loi*, 27 octob. 96).

(3) Lyon, 27 mars 86 (D. 87. 2. 155).

admettons très bien qu'il ne faut pas être trop rigoureux, étant donné que souvent les grands parents se déplaceront difficilement. Qu'on leur permette donc de le recevoir, mais nous ne croyons pas qu'on puisse transformer cette visite en un séjour plus ou moins long qui touche au droit du père.

On demande enfin si celui-ci pourrait exiger que les visites aient lieu en sa présence, ou en la présence d'une personne de son choix. C'est une question controversée et très délicate (1). Les uns allèguent le droit du père de surveiller les relations de ses enfants, les autres le caractère injurieux d'une pareille précaution. A notre avis, il faut laisser aux tribunaux le soin de réglementer ces détails accessoires en s'inspirant des circonstances.

L'action intentée par les grands parents pour voir l'enfant est une action personnelle qui doit être dirigée toujours contre le père et devant le tribunal de son domicile. S'il était en même temps tuteur, l'action ne pourrait être portée devant le tribunal du lieu où s'est ouverte la tutelle.

(1) *Aff.*— Bourges, 5 Déc. 84 (D. 86. 2. 78).— Paris, 2 juil. 85. — *Neg.* — Cass. Req. 12 Juillet 70 (D. 71. 1. 218). — Lyon, 27 mars 86 (D. 87. 2. 155).

B. — *Le père est absent.*

Le Code civil statue seulement sur le cas d'absence légale du père : *Si le père a disparu laissant des enfants mineurs issus d'un commun mariage, la mère en aura la surveillance : elle exercera tous les droits du mari, quant à leur éducation et à l'administration de leurs biens* (Art. 141). La place de cet article au chapitre IV, à la fin du titre de l'absence, indique qu'il s'applique également, qu'il y ait présomption ou déclaration d'absence.

Par conséquent, si le père est absent, c'est la mère qui exercera le droit de garde. Résultat des plus logiques : en effet, les droits de la puissance paternelle appartenaient à tous deux, la présence du père et sa suprématie empêchaient la mère de les exercer. Celui-ci venant à manquer, il n'y a plus d'obstacle pour elle.

Mais une simple absence momentanée, voyage, mission, ne serait pas suffisante pour opérer cette dévolution ; la mère gouvernera les enfants sans avoir pour cela le droit de garde dans sa plénitude, elle agira au nom du père. Il faut en un mot une absence dont on ne puisse pas prévoir la fin, et qui soit constatée par le tribunal.

C. — *Le père est incapable.*

a) — **Incapacité naturelle.**

Nous entendons par là un état de santé qui ne lui permet pas d'exercer la puissance paternelle.

Dans cette hypothèse nous n'avons plus de texte pour nous diriger, c'est par analogie et par déduction des principes généraux que nous pouvons donner une solution.

Les motifs qui ont déterminé la disposition de l'article 141 sont ici absolument les mêmes. Ils se résument dans cette règle qui non seulement est rationnelle, mais encore ressort nettement de l'esprit du Code : la suprématie seule du père empêche la mère d'exercer les droits de la puissance paternelle qui lui appartiennent : cet obstacle disparaît dès que le père fait défaut pour quelque cause que ce soit.

Voilà le principe.

Proudhon (1) soutient au contraire que la mère a seulement la survivance ; c'est une interprétation par trop littérale de l'article 381 qu'il faut rejeter. En effet l'article 371 parle du père et de la mère et l'article 372 ajoute qu'il reste sous *leur* autorité ; l'article 141 que nous venons de voir et l'arti-

(1) Proudhon et Valette. T. II, p. 244 ; contra Valette à la note, p. 245.

cle 149 au titre du mariage font application de la règle en plusieurs cas. Nous croyons qu'il y a lieu de l'étendre et d'admettre la mère à l'exercice de la puissance paternelle toutes les fois que le père est dans l'impossibilité de manifester sa volonté. C'était du reste, d'après Pothier (1), la solution de l'ancien droit.

Voyons maintenant les différents cas d'incapacité.

Lorsque le père, en raison de son état d'esprit, a été frappé d'interdiction par jugement, la garde des enfants passe à la mère. D'ailleurs à qui appartiendrait-elle sinon à celle-ci ; les enfants ne peuvent avoir de tuteur tant que les deux auteurs sont vivants, et celui de l'interdit, s'il a le soin de sa personne et de ses biens, n'a pas celui de ses enfants (2).

C'est le jugement d'interdiction qui indique la dévolution du droit à la mère.

La solution serait identique si le père, sans être interdit, était placé dans un établissement public ou privé d'aliénés conformément à la loi du 30 juin 1838 ; le certificat d'admission prouverait l'incapacité du mari et le transfert du droit à la femme.

Nous l'étendons même au cas où le père est incapable et n'est cependant ni interdit, ni interné ; il n'y a aucune raison de distinguer, car la cause de

(1) *Traité des personnes*, partie IIIe, T. VI, sect. 2.

(2) Laurent. T. VI. No 262.

la dévolution du droit est la même, ce n'est pas le jugement ou le certificat mais l'incapacité.

Il n'y a pas à craindre les abus que redoutent certains auteurs, si l'on exige que la mère fasse constater par le tribunal l'état du père, lorsqu'elle aura à prendre quelque mesure grave ou si son droit est contesté. C'est une simple question de preuve, et non pas la cause du droit comme dans l'opinion qu'enseigne Demante (1) et qui donne aux tribunaux le pouvoir de refuser ou d'accorder l'exercice de la puissance paternelle. A notre avis, ils n'ont pas ce pouvoir parce que nous ne sommes pas dans un des cas déterminés par la loi, où ils l'ont et que nous n'admettons pas l'attribution arbitraire ; leur rôle consistera donc uniquement à constater s'il y a chez le père une incapacité suffisante.

b) — Interdiction légale.

Lorsque le père est interdit légal, c'est-à-dire lorsqu'il a été frappé d'une peine afflictive telle que les travaux forcés, la détention ou la réclusion, il est bien évident qu'il ne peut exercer pendant la durée de sa peine les droits de la puissance paternelle. La mère le suppléera, puisque les raisons de décider sont les mêmes que dans l'hypothèse précédente.

(1) Demante et Colmet de Santerre, t. II, n. 115 bis et 243 bis, III.

c) — Déchéance du père.

Dans le cas où le père a été déchu des droits de la piussance paternelle, ceux-ci ne passent pas de plein droit et forcément à la mère, comme le voudraient les principes généraux ; il faut qu'une décision du tribunal les lui accorde. Ainsi le décide l'article 9 de la loi du 24 juillet 1889. Cette dérogation se justifie par des nécessités pratiques : on craint que la mère investie de la puissance paternelle ne soit sous la dépendance du père et que le jugement ne reste lettre-morte. Mais comme dans certaines circonstances cette crainte sera sans fondement, la loi laisse aux tribunaux un pouvoir discrétionnaire.

Si la mère non investie de la puissance paternelle survit au père déchu, elle reprend l'exercice de celle-ci conformément à la règle générale. Il n'y a plus, en effet, aucune raison de l'en priver ; la cause disparaissant, l'effet doit disparaître. La loi de 1889 ne s'est pas prononcée sur ce point, mais notre solution semble résulter des travaux préparatoires. La commission avait ajouté à l'article 9 un deuxième paragraphe qui attribuait au Conseil de famille le droit de laisser subsister la tutelle antérieure ou de rendre les droits à la mère. La suppression de ce paragraphe dans le texte définitif indique bien l'intention, chez le législateur, de s'en référer aux principes généraux.

§ 2. — Après certaines modifications à la situation matrimoniale.

Ces modifications à la situation matrimoniale proviennent, soit d'une demande en divorce ou en séparation de corps, soit d'un jugement de séparation de corps. Dans les deux cas, le lien conjugal est devenu assez lâche pour que la femme puisse avoir une résidence distincte de celle de son mari. Dès lors, le législateur a été obligé de modifier les règles qu'il avait édictées au sujet de l'enfant dans le mariage. Il avait, en droit, admis la suprématie du père, mais en fait, la mère participait à la garde et à l'éducation ; maintenant, les voilà séparés, comment faire ? Ces droits ne sont pas susceptibles de partage, il faut une direction unique ; à qui seront-ils confiés ? On ne peut accepter que ce soit au père dans tous les cas, sa prépondérance n'a plus beaucoup de raison d'être puisque la puissance maritale a disparu ou va peut-être disparaître, et qu'en attendant, elle est paralysée sur plusieurs points par l'ordonnance du président.

A. — *Demande en divorce ou en séparation de corps.*

I. Avant la loi du 20 avril 1886 la question était résolue par l'article 267 du Code civil reproduit par la loi du 27 juillet 1884 et ainsi conçu : l'*administration provisoire des enfants restera au mari demandeur ou défendeur en divorce, à moins qu'il n'en soit autrement ordonne par le tribunal, sur la demande, soit de la mère, soit de la famille ou du ministère public, pour le plus grand avantage des enfants.*

C'était une simple conséquence de l'article 373 : la garde des enfants appartient au père pendant le mariage, or le mariage n'est pas encore rompu, par conséquent il n'y a pas lieu de porter atteinte à son droit. Telle était la règle générale, l'article admettait cependant une exception et, pour le plus grand avantage des enfants, permettait au tribunal de confier la garde à la mère ou à une tierce personne sur la demande de la mère, de la famille ou du ministère public.

Il en résultait que le tribunal ne pouvait jamais statuer d'office et qu'en outre le président ne pouvait pas, dans son ordonnance, confier les enfants à une autre personne. Pourtant on avait fini par reconnaître qu'en cas d'urgence, le président pouvait, comme juge des référés, prendre les mesures nécessaires.

Les mêmes règles étaient appliquées aux demandes en séparation de corps.

II. Aujourd'hui les paragraphes 2, 3, 5, 6 et 8 de l'article 238, ajoutés par la loi du 20 avril 1886, déterminent cette situation. Le président a le droit, dans son ordonnance, de statuer sur la garde provisoire des enfants ; s'il ne l'a pas fait, elle appartiendra au père conformément au principe général. Si la mère a pris des conclusions pour que les enfants lui soient confiés, le président statuera en s'inspirant de l'intérêt de ceux-ci et les donnera à l'un ou à l'autre ou même à une tierce personne (1).

Si elle n'a pas pris de conclusions, doit-il statuer d'office ? La question est controversée. La difficulté vient de ce que, d'une part, l'article 240 spécifie que le tribunal pourra statuer même d'office, alors qu'il garde le silence en ce qui concerne l'ordonnance du président, et d'autre part de ce que le texte de l'article 238 est sujet à deux interprétations. Il dit en effet : *le juge statue à nouveau, s'il y a lieu, sur la résidence de l'époux demandeur, sur la garde provisoire des enfants, etc...*

Les mots, *s'il y a lieu*, s'appliquent-ils seulement à la résidence de l'époux, comme semble l'indiquer leur place après le mot *à nouveau* qui ne concerne évidemment que la résidence, ou bien s'appliquent-ils également à la garde des enfants ? Dans cette dernière interprétation, signifient-ils : *s'il y a une demande*, ou bien *s'il y a des enfants* ? A notre avis le doute est permis, et, dans les deux sens, le texte

(1) Curet, *Code du divorce*, p. 123.

fournit d'excellents arguments. Aussi préférons-nous chercher la solution la plus équitable ; elle nous paraît être entre les deux opinions que nous avons indiquées. Le juge *peut* statuer d'office, mais il n'y est pas obligé, s'il n'y a pas de conclusions prises par la mère.

De la sorte il s'abstiendra, s'il ne se trouve pas suffisamment éclairé ou si l'intérêt de l'enfant n'exige pas une décision de sa part. Il faudra donc une raison grave pour qu'il commette cette dérogation aux principes généraux de la justice d'après lesquels le juge ne statue que sur les demandes qui lui sont soumises.

Cette ordonnance est exécutoire par provision et susceptible d'appel, cela ne fait plus de difficultés ; (art. 238, § 3) ; mais lorsque le tribunal a été saisi, c'est lui qui est compétent pour statuer sur les mesures provisoires (art. 238, § 5) ; qu'arriverait-il donc, si la Cour, saisie par l'appel de l'ordonnance du président, n'a pas encore rendu son arrêt, lorsque l'assignation vient saisir le tribunal ? La Cour sera-t-elle dessaisie ou devra-t-elle rendre son arrêt ? La question a été extrêmement controversée ; au Sénat la discussion a été des plus confuses, et la jurisprudence de la Cour de Paris notamment s'était divisée en deux camps bien tranchés : de chaque côté de nombreux arrêts fortement et longuement motivés.

Les uns déclaraient l'appel recevable pourvu qu'il eût été fait dans les délais, même après l'introduction de la demande devant le tribunal ; en conséquence la Cour devait statuer (1).

Les autres le déclaraient irrecevable s'il avait été fait après l'introduction de la demande (2).

Un arrêt de la Cour de cassation du 29 juin 1892 (Pand. Franç. 93. I. 485) a tranché la difficulté dans le premier sens.

B. — *Jugement de séparation de corps.*

Il s'agit de savoir à qui seront confiés les enfants après que la séparation de corps aura été prononcée entre les époux.

Le Code civil est muet. Si l'on raisonnait suivant la règle habituelle, il faudrait dire que ce sera au père, puisque l'article 373 lui donne l'exercice du droit de garde pendant le mariage et que celui-ci n'est pas rompu par la séparation de corps. Personne n'admet cette conséquence rigoureusement légale, mais non équitable et même contraire à l'esprit de la loi. Les

(1) Paris, 2e Ch., 3 févr. 1887 (G. P. 89, 2, 9) ; 5e Ch. 6 Juin 1888 (G. P. 88, 2, 9) ; 4e Ch., 12 janv. 1889 (G. P. 89, 1, 334) ; 4e Ch., 19 Mars 1890 (G. P. 90, 1, 713) ; 1e Ch., 11 mars et 29 avril 1890 (90, 1, 503 et 710) ; 3e Ch. 20 décemb. 90 (G. P. 91, 1, 144).

(2) Paris, 3e Ch. 13 août 1885 (S. 89, 2, 9) ; 3e ch., 27 avril 1888 (G. D. 88, 1, 784) ; 3e Ch. 15 juin 1888 (D. 88, 2, 241) ; 3e Ch., 10 janv. 1889 (G. D. 89, 1, 175) ; 1re Ch., 6 avril 1889 (G. P. 89, 1, 761) ; 3e Ch. 24 décemb. 1890 (G. P. 91, 1, 144) ; Cassé par arrêt du 29 juin 92,

articles 302 et 303 qui règlent la situation en cas de divorce ainsi que nous le verrons plus loin, doivent être appliqués ici par analogie et par interprétation extensive, car, l'existence du lien conjugal mise à part, les deux situations sont identiques.

Des auteurs admettent ce principe, mais des divergences se produisent au sujet de la mesure dans laquelle on peut l'appliquer.

Dans une première opinion, enseignée par Zachariæ et reprise par MM. Aubry et Rau (1), l'article 302 ne doit pas être appliqué d'une façon absolue en cas de séparation de corps. Ils formulent ces deux règles : 1° le père qui a obtenu la séparation de corps ne peut jamais être privé de la garde de ses enfants.

2° Cette garde peut être confiée d'office au père contre lequel a été prononcée la séparation.

D'après une deuxième, soutenue par Demante (2), l'exercice de l'autorité paternelle reste au père en principe, mais le pouvoir discrétionnaire des tribunaux permet à ceux-ci de rendre leurs jugements en s'inspirant des articles 302 et 303. En d'autres termes, les enfants doivent être confiés au père, parce que le mariage subsiste, à moins que leur avantage ne détermine le tribunal à en décider autrement.

(1) T. IV, p. 175.

(2) Demante et Colmet de Santerre, t. II, n° 31 *bis*. — Dans le même sens, Massé et Vergé, t. I, p. 282. — Marcadé, art. 311, n° 3.

M. Curet, qui est partisan de ce système, en explique ainsi la raison : « La mère a le droit de surveiller l'entretien et l'éducation des enfants. Le droit de surveillance, elle le conserve après le divorce, après la dissolution du mariage (art. 303) ; à plus forte raison doit-elle le conserver après la séparation de corps. La mère pourra donc, usant de ce droit de surveillance, demander aux tribunaux de prendre, par dérogation au principe, qui veut que la garde et l'éducation des enfants continuent à appartenir au père, telles mesures que l'intérêt des enfants nécessitera (1) ».

Cet argument *a fortiori* ne nous convainc pas ; la mère a la surveillance, c'est vrai, pendant le mariage, mais elle ne l'exerce pas, puisqu'on lui refuse toute action ; or, le mariage n'est pas dissous.

Reste une troisième opinion, adoptée par la majorité des auteurs (2) et par la jurisprudence ; elle enseigne que les articles 302 et 303 sont applicables, en tous points, à la séparation de corps.

Nous la trouvons préférable, bien que, rigoureusement, elle manque de base dans les textes ; mais c'est la plus satisfaisante, et les deux autres ne sont pas littéralement plus exactes. Comme le dit Laurent, la doctrine et la jurisprudence appliquent l'ar-

(1) Curet. *Le Code du divorce*, n° 349.

(2) Demolombe, t. IV, n° 511. — Laurent, t. III, n° 350.

ticle 302 parce qu'il y a même raison de décider. En effet, la situation est la même qu'en cas de divorce, les liens du mariage, s'ils existent encore, sont tellement relâchés que l'éducation de la famille désirée par le législateur n'est plus possible. D'un autre côté, surtout depuis la loi du 6 février 1893 sur les effets de la séparation de corps, la femme reprenant toute sa capacité, l'autorité maritale n'existe plus, et son droit à la garde devient égal à celui du père ; dès lors, il n'y a aucune raison de décider que le droit de celui-ci primera le droit de celle-là. Néanmoins, il est fâcheux que le législateur ne se soit pas prononcé catégoriquement, et qu'aucun texte ne vienne consacrer cette opinion si raisonnable.

En acceptant cette solution, nous nous trouvons dispensés d'examiner la question de la garde des enfants dont les parents sont séparés de corps ; il y a assimilation complète avec celle des enfants dont les parents sont divorcés.

§ 3. — Après la dissolution du mariage.

Le mariage se dissout soit par la mort de l'un des époux, soit par le divorce, soit par l'annulation du mariage.

Nous allons suivre cette division.

A. — *Par la mort de l'un des époux.*

Au premier abord il semble qu'ici aucune difficulté ne peut s'élever : deux personnes avaient des droits, l'une meurt, l'autre doit les exercer sans entraves et sans partage, que ce soit la mère ou le père. C'est en effet la vraie solution, mais cependant quelques doutes peuvent naître de ce que, à côté de la puissance paternelle, une autre puissance va prendre place, la tutelle, qui elle aussi va prétendre à la garde de l'enfant en vertu de l'article 450 du Code civil : *le tuteur prendra soin de la personne du mineur*. Dès lors, il faut nous demander lequel de ces deux pouvoirs va l'emporter sur l'autre, lequel du père ou du tuteur sera chargé de la personne de l'enfant, et quelles règles seront applicables, celles de la puissance paternelle ou celles de la tutelle.

Nous avons deux situations à envisager : le survivant est tuteur ou il ne l'est pas.

a) — **Le survivant est tuteur.**

Lorsque le survivant des époux est tuteur et que par conséquent les deux pouvoirs sont réunis sur sa tête, il aura certainement la garde de l'enfant, ce n'est pas douteux. Mais sera-ce comme père ou comme tuteur ?

La question ne se pose pas uniquement au point

de vue théorique, elle a un intérêt pratique ; selon la réponse, nous saurons les règles qu'il faudra appliquer, celles de la puissance paternelle ou celles de la tutelle. Nous avons dit en effet que le droit de garde appartient au père d'une façon souveraine, tandis que, de l'avis de tous, il n'en est pas de même pour le tuteur ; les pouvoirs de correction et d'émancipation qui en sont la conséquence sont beaucoup moins étendus entre les mains de celui-ci. De plus, les droits qui lui sont confiés peuvent être soumis à certaines restrictions, par exemple, à l'obligation de se conformer aux volontés exprimées par les père et mère décédés. Enfin, le tuteur est placé sous la surveillance du conseil de famille, alors que l'autorité du père ne subit aucun contrôle.

Nous n'hésitons pas à affirmer que le survivant des auteurs a la garde de l'enfant en vertu non de la tutelle, mais de la puissance paternelle et qu'il faut appliquer les règles de celle-ci.

Cette opinion est assise d'abord sur des textes : les articles 372 et 373 disent que l'enfant *reste sous leur autorité* (des père et mère) *jusqu'à sa majorité ou son émancipation*, et *que le père exerce seul cette autorité durant le mariage*. Cela signifie que la puissance paternelle s'éteint seulement par la majorité ou l'émancipation de l'enfant, et que, par conséquent, la dissolution du mariage la laisse subsister tout en faisant disparaître la suprématie de père, si un droit égal au sien se trouve en face de lui.

Il est certain, d'un autre côté, que la puissance paternelle est un pouvoir plus fort que la tutelle, nous avons pu le remarquer déjà en indiquant les différences qui les séparent dans l'exercice du droit de garde ; ajoutons une dernière preuve, c'est qu'en règle générale la première absorbe la seconde, ainsi que cela résulte de l'article 390 du Code civil : *la tutelle des enfants mineurs appartient de plein droit au survivant des père et mère.*

Le survivant exerce donc dans toute leur plénitude les droits de garde et d'éducation en vertu de la puissance paternelle.

Si c'est le père, la situation ne change pas ; si c'est la mère, elle les exerce absolument comme le père. Le conseil de famille n'a aucun droit de contrôle et il ne peut apporter ni restrictions, ni entraves. Ainsi jugé, que la mère tutrice choisit souverainement la maison d'éducation où elle veut faire élever son enfant (1) et alors même que remariée

(1) « Le droit d'administrer la personne du mineur et notamment de le placer dans une maison d'éducation étant un droit inhérent à la puissance paternelle, dont est investie exclusivement et en totalité la mère du mineur remariée et maintenue dans la tutelle, le conseil de famille ne peut, dans ce cas, porter atteinte à ce droit soit par des restrictions, soit par des entraves. »

Trib. civ. Lyon, 3 fév. 87. (Mon. Lyon. 25 févr. 87). — Dans le

elle n'aurait été maintenue dans la tutelle que sous ces réserves.

Le père prémourant lui-même ne pourrait pas par testament ou autrement en gêner l'exercice entre les mains de la mère par quelque condition (1), ni soumettre les actes de ce genre à l'assentiment ou à l'assistance d'un conseil : l'article 391 qui lui donne cette faculté ne concerne que les actes de la tutelle.

En résumé le survivant tuteur a la garde en vertu de la puissance paternelle.

b) — Le survivant n'est pas tuteur.

Lorsque, par suite de différentes circonstances, le survivant des époux ne conserve pas la tutelle dont la loi l'investit, lorsque, par conséquent, en face du père ou de la mère, il va se trouver un tuteur, les difficultés deviennent à la fois plus graves et plus fréquentes. Il ne s'agit plus ici d'une lutte abstraite entre deux qualités réunies chez un même sujet, mais bien d'un différend véritable qui a son dénouement par une décision de justice. Lequel des deux du père ou du tuteur aura la garde ?

La solution que nous venons de donner pour le cas précédent et les arguments que nous avons invo-

même sens, Trib. de la Seine, 22 janv. 92. (G. Trib. 19 mars 92) ; 24 juin 92 (G. Trib. 11 oct. 92).

(1) Demolombe. T. VI, p. 284.

qués laissent assez deviner la réponse que nous allons faire.

Que la puissance paternelle et la tutelle appartiennent à une seule personne ou qu'elles soient en des mains différentes, nous estimons que la première l'emportera toujours sur la seconde. Les arguments restent les mêmes, ils gardent toute leur valeur et deviennent même plus saisissants par la variété des hypothèses.

Dans l'ancien droit, Denizart disait que lorsque le gardien et le tuteur sont deux personnes distinctes, l'autorité du tuteur est éclipsée par celle du gardien. Cela est toujours vrai parce que la puissance paternelle est, nous le répétons, un droit plus fort sur la personne que la tutelle. Il est plus fort parce que c'est un droit naturel basé sur un devoir très étroit, au lieu que la tutelle est plutôt une charge qu'un véritable devoir. D'ailleurs ces droits sur la personne sont de l'essence même de la puissance paternelle : que devient-elle si on lui enlève le droit d'éducation et la condition de son exercice, le droit de garde, puisque d'autre part la tutelle l'emporte sur elle pour l'administration des biens ? Ce serait une extinction de la puissance paternelle non prévue par la loi.

Entrons maintenant dans le détail des faits ; leur examen va corroborer l'exactitude et l'équité de la solution que nous adoptons.

I. *Le survivant est excusé.* — Le père est régulièrement dispensé de la tutelle par exemple à cause de son âge (art. 433) ou d'une infirmité (art. 434), ou bien encore la mère a refusé la tutelle dont l'administration lui a paru au-dessus de ses forces. Va-t-on pour cela les priver de l'éducation et de la garde de leur enfant et les confier au tuteur ? Que peut-on leur reprocher ? Rien, sinon peut-être un excès de prudence ; ils n'auront pas voulu se charger d'une gestion difficile dans la crainte de laisser péricliter entre leurs mains la fortune de l'enfant ; et on les récompenserait de cet intelligent sacrifice en leur enlevant une direction qui demande plus d'affection que d'habileté dans les affaires ! Cela n'est vraiment pas possible : aucun tuteur n'oserait le demander, aucun tribunal l'ordonner, aucun auteur l'approuver. Un père et surtout une mère peuvent être incapables de gérer une tutelle, d'administrer des biens et élever par contre admirablement leurs enfants.

II. *Le survivant est exclu ou destitué.* — Supposons maintenant que le père ou la mère ont été, soit exclus, soit destitués de la tutelle. Nous rencontrons ici chez les auteurs une très vive résistance contre l'opinion que nous avons soutenue jusqu'à présent. Plusieurs jurisconsultes des plus considérables enseignent que les tribunaux pourront à leur gré maintenir au père la garde des enfants ou bien au contraire la lui enlever pour la confier au tuteur.

Malgré l'autorité qui s'attache aux noms des défenseurs de ce système, nous n'hésitons pas à le repousser : par principe, nous refusons aux tribunaux le droit de contrôle, sauf le cas où une demande en justice met en présence deux droits se prétendant égaux ; or, telle n'est pas la situation. A notre avis, le père, bien que destitué ou exclu de la tutelle, conserve néanmoins l'éducation et la garde de ses enfants mineurs (1) : autre chose est la puissance paternelle, autre chose est la tutelle. Aucun texte ne donne ce pouvoir aux tribunaux, à tort ou à raison, peu importe : c'est faire la loi que le leur accorder. Au surplus, les raisons de nécessité invoquées autrefois ont disparu depuis la loi du 24 juillet 1889 organisant la déchéance de la puissance paternelle.

Il peut sembler à première vue qu'il y a quelques dangers à confier la garde des enfants au père destitué ou exclu de la tutelle ; en examinant les choses avec plus d'attention, on s'aperçoit que ces craintes sont vaines.

Quelles sont en effet les causes de destitution ou d'exclusion ? Les articles 443 et 444 du Code civil nous en indiquent trois : une condamnation à une

(1) Laurent. T. IV, n° 263.

peine afflictive ou infamante, une inconduite notoire, une gestion attestant l'incapacité ou l'infidélité.

Une simple comparaison avec l'article 2 de la loi du 24 juillet 1889 va nous montrer que désormais la possibilité de poursuivre la déchéance du père protégera l'enfant dans les cas précédemment cités, toutes les fois que cela sera nécessaire.

La destitution ou l'exclusion de la tutelle a-t-elle été prononcée contre le père, parce qu'il a été condamné à une peine afflictive ou infamante ? la déchéance de la puissance paternelle pourra également être obtenue contre lui en vertu du paragraphe 2 de l'article 2 de la loi précitée, s'il a été condamné aux travaux forcés ou à la réclusion ; les autres peines afflictives ou infamantes sont la déportation, la détention, le bannissement ou la dégradation civique, elles sont encourues généralement pour des crimes politiques ; on comprend qu'ici la déchéance n'est pas nécessaire, d'autant mieux que, dans les cas les plus graves, le père, par le fait qu'il subira la condamnation, se trouvera dans l'impossibilité d'exercer ses droits.

A-t-elle été prononcée pour inconduite notoire ? nous avons alors le paragraphe 6 de l'article 2 qui permet aussi de poursuivre la déchéance pour la même cause.

Est-ce enfin à cause d'une gestion attestant l'infidélité ou l'incapacité ? On ne pourra pas, il est vrai, demander la déchéance, mais est-elle bien nécessaire ? L'enfant sera suffisamment protégé en ce qui concerne ses biens, puisque l'administration va passer à un tuteur, et, en ce qui concerne sa personne, elle n'a jamais été en danger, car l'éducation donnée par le père a pu être parfaite malgré les faits qu'on lui reproche. Et puis ces faits quels sont-ils ? Une connaissance insuffisante des affaires, une gestion inhabile ? Il nous paraîtrait bien rigoureux de lui enlever la garde pour un tort de cette nature. Est-ce même une administration infidèle ? Cela nous semble excessif. Le seul fait d'avoir commis des irrégularités ou des détournements dans la gestion des biens de son enfant, alors que d'autre part il l'élève d'une façon satisfaisante, ne nous paraît pas assez grave pour entraîner la perte de la garde ; il a pu être pressé par des besoins d'argent, on l'a mis dans l'impossibilité de recommencer, c'est suffisant. Et qu'on ne parle pas du défaut de garantie morale ; s'il avait commis le détournement au préjudice d'un tiers, on ne pourrait pas le priver de l'exercice de la puissance paternelle ; aurait-il donc été plus honnête ?

En résumé, l'opinion que nous soutenons n'offre pour l'enfant aucun danger, puisqu'on peut obtenir la déchéance du père dans les cas où il est nécessaire de le priver de la garde ; elle a l'avantage d'être tout à fait conforme à la loi du 24 juillet 1889, tout en respectant scrupuleusement le texte et l'esprit du Code civil.

III. *La mère remariée n'est pas maintenue dans la tutelle.* — Le père qui se remarie ne perd pas la tutelle, ni la garde ; son droit de correction se trouve seulement un peu restreint (art. 380). Quant à la mère, le conseil de famille décide si la tutelle doit lui être maintenue ; s'il ne la lui conserve pas, perdra-t-elle aussi la garde ? Nous avons déjà répondu à la question en prouvant que la puissance paternelle n'est pas entamée par la privation de la tutelle. Mais ici on peut faire une objection à laquelle nous voulons répondre, c'est qu'elle perd le droit de correction, ainsi que cela résulte de l'article 381. Cette considération est indifférente ; la perte d'un moyen de sanction n'est pas suffisante pour entraîner la perte du droit. La mère reste chargée du devoir d'éducation ; si on lui en rend l'accomplissement plus difficile, il n'en continue pas moins à exister pour elle.

B. — *Par le divorce.*

Le père et la mère, nous l'avons vu, ont en principe des droits égaux sur leurs enfants puisqu'ils ont le même devoir. Cependant, dans le but de donner à l'éducation de l'enfant l'unité de direction nécessaire, le législateur a accordé au père la suprématie pendant le mariage. Que va-t-il advenir après la dissolution par le divorce des époux ?

D'un côté l'unité de direction est toujours aussi nécessaire, davantage devrions-nous dire, et la garde peut difficilement se partager, de l'autre la prépondérance du père n'a plus de raison d'être, elle a dû disparaître comme le pouvoir marital avec le mariage. A qui va-t-on confier la garde de l'enfant, lequel des deux sera choisi ?

L'article 302 du Code civil répond à cette question :

« Les enfants seront confiés à l'époux qui a obtenu le divorce, à moins que le tribunal, sur la demande de la famille ou du ministère public, n'ordonne, pour le plus grand avantage des enfants, que tous ou quelques-uns d'entre eux seront confiés aux soins soit de l'autre époux, soit d'une tierce personne. »

On interprète généralement cet article en disant que si le jugement est muet sur la question de garde, le Code l'attribue à celui des époux qui a obtenu le divorce à son profit ; la cause de cette préférence est, non pas une faveur ou une compensation, mais une présomption de dignité. Si, au contraire, le tribunal veut y répondre, il est maître de sa décision, et il n'a pour guide que le plus grand avantage des enfants.

Il peut donc les confier soit à l'autre époux qui, malgré ses torts conjugaux, lui paraît plus apte à les élever, ainsi à la mère s'ils sont en bas âge ou si ce sont des jeunes filles, soit à une tierce personne, telle que les grands parents par exemple, s'il estime qu'il y a avantage pour les enfants et que les époux ne présentent pas des garanties morales suffisantes. Le texte y met pourtant une restriction, il subordonne son pouvoir à la condition qu'il y ait une demande de la famille ou du ministère public. Cette condition est-elle absolue et le tribunal ne pourrait-il se prononcer d'office ? La question est discutée (1) ; le doute vient de ce que le législateur de 1886 a ajouté à l'article 240, au sujet des mesures provisoires que peut ordonner le tribunal, ces mots : même d'office, alors qu'il n'a pas touché à l'article 302. Cette omission est volontaire, et il faut s'en tenir à la lettre, ou, au contraire, elle est involontaire, et il y a lieu d'employer l'interprétation extensive. Nous y reviendrons tout à l'heure.

Cette façon de comprendre l'article 302 ne nous paraît pas complètement et rigoureusement exacte, bien qu'elle soit admise par tous. Nous voudrions qu'on suivît le texte de plus près, on arriverait,

(1) Demante et Colmet de Santerre. T. I, p. 524 et 525 en faveur de la décision d'office. — Contra : Laurent, t. III, nº 293. — Vraye et Gode, t. II, nº 741. — Curet, nº 287. — Goirand, p. 196.

croyons-nous, à une explication un peu différente de celle que nous venons d'exposer.

« Les enfants seront confiés... » Cela signifie que ce n'est pas la loi qui les confie, il y aurait *sont* (1) ; c'est le tribunal, lequel devra les confier à celui des époux qui a obtenu le divorce, par conséquent statuer même d'office, car s'il n'y a pas de décision concernant la garde, celle-ci reste en suspens. Par contre, il ne peut les confier à l'autre époux ou à une tierce personne que s'il y a une demande de la famille ou du ministère public ; il suffit de lire l'article attentivement pour s'en convaincre : « ... à moins que le tribunal, sur la demande..., n'ordonne... »

Si, par l'article 240, le tribunal est autorisé à statuer d'office sur les mesures provisoires concernant l'enfant, c'est qu'alors il y a urgence et qu'il n'est pas éclairé sur le fond même du débat ; il n'en est plus ainsi au moment d'appliquer l'article 302. Cette restriction est d'ailleurs théorique, car il n'aura qu'à demander au ministère public d'intervenir pour qu'il puisse ensuite prendre les mesures qu'il croira nécessaires.

(1) Le législateur emploie le présent toutes les fois qu'il indique une mesure générale agissant de plein droit. Exemple : l'enfant conçu pendant le mariage a pour père le mari. Il emploie le futur lorsqu'il faut l'action d'une volonté. Bien entendu, ceci seulement quand le temps modifie le sens.

L'article que nous étudions dit : la famille et le ministère public. Quelle est la signification exacte, la compréhension du mot famille ? Cela veut-il dire le conseil de famille (1), ou bien plusieurs membres de la famille, ou encore un membre quelconque de la famille (2) ? Les trois opinions ont été soutenues.

Contre la première, on fait observer que l'expression conseil de famille est technique et spéciale, et que le législateur ne lui substitue jamais de synonyme (3); elle a perdu beaucoup de partisans depuis l'addition à l'article 240, par la loi du 20 avril 1886, des mots : soit sur la demande de l'un des membres de la famille. La deuxième est abandonnée. Nous adoptons la dernière et nous pensons qu'un membre quelconque de la famille peut saisir le tribunal : c'est la plus avantageuse pour les enfants. Nous admettons même la demande de l'époux coupable, il est partie au procès, il peut donc faire statuer sur les mesures accessoires (4); d'autant mieux qu'il est membre de la famille et que c'est aussi l'avantage de l'enfant.

(1) Goirand, p. 195. — Demolombe, t. II, n° 454. — Laurent, t. III, n° 293.

(2) Vraye et Gode, n° 743. — Willequet, p. 253. — Guignot, p. 86.

(3) Cour de Paris. 17 juil. 1886. (Journal *La Loi*, 14 août 86) (S. 88, 2, 129).

(4) Demolombe, t. IV, n° 344. Huc, t. II, p. 453. Vraye et Gode, t. II, n° 744. Fontvieille, p. 86 et 87. Goirand, p. 196.

Si le père et la mère sont d'accord au sujet de la garde, le tribunal devrait sanctionner cet accord à moins qu'un membre de la famille ou le ministère public n'intervînt pour s'y opposer dans l'intérêt de l'enfant (1).

La demande de la garde peut être introduite incidemment dans l'instance en divorce en tout état de cause ; elle peut l'être aussi par voie principale, même après que le jugement est passé en force de chose jugée : c'est en effet une mesure qui n'est jamais définitive, elle peut être modifiée suivant les circonstances.

Les tribunaux peuvent-ils ordonner l'exécution provisoire des mesures concernant la garde des enfants ? La jurisprudence s'est prononcée pour l'affirmative (2) en se basant sur le caractere d'urgence de ces mesures et en étendant aux jugements la disposition de l'article 238, § 2, qui s'applique à l'ordonnance du président. M. Alb. Tissier a dirigé une très vive critique contre cette opinion (3) ; il fait remarquer que l'extension du § 2 de l'article 238 au § 5, à l'article 240 et aux articles 302 et 303 est pu-

(1) Voir Fontvieille, p. 92, et Cass. 6 février 1865 (S. 65, 1, 58). En ce sens, Demolombe, t. II, n° 511 bis. Vraye et Gode n° 751. Contra. Carpentier, t. I, n° 277.

(2) Poitiers, 9 juil. 1889 (G. P., 19 avril 90). — Paris, 21 janv. 1896 (D. 95, 2, 168). — Coulon, t. III, p. 201.

(3) Voir *Revue critique* 1896, p. 554.

rement arbitraire, et que l'urgence n'est pas suffisante à elle seule pour empêcher l'effet suspensif de l'appel (1); il ajoute que les cas d'urgence seront d'ailleurs très rares, puisque le président a pu, dans son ordonnance, prendre les mesures nécessaires.

C. — *Nullité du mariage.*

Le mariage annulé ne produit aucun effet et les enfants qui en sont issus se trouveront dans la situation d'enfants naturels. Ce principe reçoit une exception, lorsque à l'égard des époux ou de l'un d'eux, le mariage est putatif, c'est-à-dire contracté par suite d'une erreur de fait ou de droit (2) (art. 201 et 202 du Code civ.). Les effets civils se produisent alors soit au profit des deux époux, soit au profit de celui qui est de bonne foi. La puissance paternelle étant de droit naturel continue à appartenir aux deux époux, lorsque la nullité vient à être prononcée. Le père en conserve l'exercice, par conséquent le droit de garde, s'il était de bonne foi ou s'ils l'étaient tous deux; sa prééminence est un effet civil du mariage

(1) Garsonnet. *Traité théor. et prat. de Proc. civ.* t. V,. § 957.

(2) En ce qui concerne l'erreur de droit, la question est controversée, nous adoptons l'affirmative conformément à l'opinion de la majorité de la doctrine et de la jurisprudence la plus récente. En ce sens : Demolombe, t. I, nº 357. Laurent, t. II, nº 504. — Demante et Colmet de Santerre, t. I, nº 283bis, III. Baudry-Lacantinerie, t. I, nº 357.

dont il doit continuer à bénéficier. Si la mère était seule de bonne foi, la solution est plus délicate, mais nous croyons néanmoins que c'est à elle que resteront les enfants (1). Dans le mariage, l'exercice des droits de la puissance paternelle passe à la mère à défaut du père, or il n'y a plus de père légitime, la dévolution doit donc s'opérer.

DEUXIÈME SECTION

SUR LES ENFANTS NATURELS.

Nous ne trouvons dans le Code civil aucun texte organisant la puissance paternelle sur les enfants naturels ; cependant, il est certain qu'elle existe, car si la raison et l'esprit de la loi l'exigent, l'article 383 la suppose établie (2). Cet article, en effet, déclare applicable aux pères et mère naturels les articles 376, 377, 378 et 379 relatifs au droit de correction, mais on admet d'une façon unanime que cette énu-

(1) Dans ce sens : Demolombe, t. I, no 372. Laurent, t. II, no 512. Demante et Colmet de Santerre, t. I. no 283bis, II. Aubry et Rau, t. V, p. 53, § 460.

(2) Devant le Corps législatif, Real a soutenu, dans l'exposé des motifs, l'assimilation des père et mère naturels aux père et mère légitimes. (Locré, *Législ. civ.*, t. VII, p. 62.

mération est incomplète, et qu'il faut y ajouter les articles 371, 372 et 374 ; on ne comprendrait pas que ces pères et mères eussent à leur disposition la même sanction que les parents légitimes, s'ils n'en avaient aussi les devoirs et les droits. Nous l'avons dit et nous le répétons : la puissance paternelle n'est autre chose que le devoir d'éducation, complété par les droits nécessaires à son exercice ; or, ce devoir d'éducation résulte de la génération, et non du mariage ; il incombe donc aux parents naturels comme aux parents légitimes ; les uns et les autres exerceront de la même façon les droits de la puissance paternelle sur la personne de l'enfant.

Bien entendu, il faut pour cela que la filiation soit légalement établie, par conséquent que l'enfant soit reconnu, s'il est simplement naturel, ou qu'un jugement ait constaté sa filiation, s'il est adultérin (1) ou incestueux. La seule possession d'état ne suffirait pas.

Lorsqu'un seul des père et mère a reconnu l'enfant, ou bien encore est survivant, il ne s'élèvera pas de difficultés relativement à l'exercice de la puissance paternelle ; ce sera évidemment à celui-là qu'appartiendront la garde et l'éducation. La situation est, au contraire, très délicate si les deux parents l'ont reconnu et vivent l'un et l'autre.

(1) Par exemple, un jugement de désaveu de paternité.

A qui accorderons-nous ces droits ?

Donnerons-nous la préférence au père par une interprétation extensive de l'article 373, ou bien admettrons-nous l'égalité des droits des deux auteurs? La question est des plus controversées, la jurisprudence et la doctrine sont égalément divisées.

Dans la première opinion (1) on fait valoir la nécessité de l'unité de direction, sans laquelle il y aura dans l'éducation de l'enfant des tiraillements qui lui seront préjudiciables ; comme le père donne à l'enfant son nom et sa nationalité, on trouve raisonnable qu'il soit préféré à la mère. On ajoute que cette doctrine n'offre d'ailleurs aucun danger, puisque les tribunaux pourront statuer en cas de réclamation.

La deuxième opinion prend pour base l'égalité des droits des deux auteurs ; elle refuse de donner la préférence au père, en disant : non seulement il n'y a pas de texte qui permette l'assimilation, mais il n'y a aucune analogie de situation ; le père et la mère vivent séparés, dans des conditions sociales probablement inégales et ils professent l'un pour l'autre des sentiments peu affectueux (2). En outre, puis-

(1) Demolombe, T. VI, n° 626. — Valette de Proudhon, T. II, p. 218, note 4. — Marcadet, T. II, art. 383, n° 2. — Zacharie, T. IV, p. 85. — Taulier, T. I, p. 488. — Aubry et Rau, T. VI, § 571, p. 211, note 8.

(2) L'hypothèse est vraisemblable, puisque des difficultés ne

qu'ils ne sont pas mariés, il ne peut être question de puissance maritale et par conséquent de prépondérance du père. La situation qui se rapproche le plus de celle-ci est celle des époux divorcés et, si un texte pouvait être appliqué par analogie, ce serait celui des articles 302 et 303, où il n'est nullement question de suprématie du père. Les partisans de la première opinion ne peuvent nier cette similitude, et Demolombe, qui à la page 499 du tome VI de son cours de Code Napoléon, repousse l'application de ces articles, écrit à la page 515 du même tome : or, le père et la mère naturel n'étant pas mariés se trouvent exactement dans la même position que les époux autrefois divorcés.

Que l'enfant porte le nom de son père et qu'il ait sa nationalité, cela ne prouve pas qu'il lui soit confié. La vraie solution est que le père et la mère, ayant des droits égaux, doivent être appelés concurremment à exercer la puissance paternelle ; mais comme l'unité de direction est encore plus nécessaire aux enfants naturels qu'aux enfants légitimes, ce sont les tribunaux qui, en cas de contestation, décideront auquel des deux la préférence doit être accordée, à raison du plus grand avantage des enfants.

Ici les tribunaux peuvent intervenir, parce qu'ils

s'élèveraient pas si les auteurs naturels vivaient maritalement et unis, ou même s'ils étaient séparés en bons termes.

sont en présence d'une contestation régulière, ils ne confèrent pas des droits, ils désignent celui qui, les possédant, les exercera.

Ce rôle précis, certains tribunaux paraissent le méconnaître, et nous voyons un arrêt de la Cour de Paris (1) ainsi motivé : *les tribunaux, en cas de contestation, sont substitués au père et à la mère, quant à l'exercice de la puissance paternelle*. Prétention insoutenable et tout à fait contraire aux principes. Si les tribunaux décident quelquefois qu'un enfant sera placé dans telle ou telle pension, c'est en tant que tribunaux départageant des plaideurs et prenant les mesures convenables, non pas en tant que père ou mère exerçant la puissance paternelle.

La question que nous venons de discuter n'est pas, quoiqu'elle aboutisse dans les deux opinions au contrôle des tribunaux, un sujet de discussion académique; et le parti que l'on prend se traduit dans la pratique par une différence assez importante. En effet, pendant la durée de la contestation devant les tribunaux, l'enfant sera confié au père d'après le premier système, à celui des parents qui l'avait déjà d'après le second. C'est ce que dit Demante (2) : « S'il n'y a pas de contestation, le fait de la possession déterminera entre le père et la mère le gardien

(1) Paris, 10 Mai 94. D. 94, 2, 534.

(2) Demante et Colmet de Santerre, t. II, n° 128 *bis*, II.

légal chez lequel l'enfant sera tenu de résider et à qui provisoirement appartiendra le droit de diriger l'éducation ».

Il suffit, d'ailleurs, d'examiner les effets pratiques des deux systèmes dans certaines hypothèses, pour voir nettement aussitôt les inconvénients du premier et les avantages du second.

Supposons, par exemple, que la mère a seule reconnu l'enfant, ou encore que les deux auteurs l'ayant reconnu, la mère seule l'a élevé, tandis que le père s'en est désintéressé. Au bout de plusieurs années, le père le reconnaît, s'il ne l'avait déjà fait, et réclame la garde : que va-t-il advenir ?

Dans le premier système, c'est le père qui aura provisoirement l'exercice de la puissance paternelle; lui qui abandonna l'enfant, sera préféré à la mère qui s'en est occupée jusqu'alors, et, si l'enfant travaille, il en aura le bénéfice au détriment de celle qui a eu toutes les peines. Ce ne sera que provisoire et les tribunaux pourront modifier cette situation, mais sera-t-il temps? Le père aura pu requérir la force armée, se faire remettre l'enfant et disparaître avec lui.

Dans le deuxième système, au contraire, cette garde provisoire restera confiée à celui des parents qui s'est occupé de l'enfant jusque-là. C'est d'abord plus équitable, parce que celui qui a eu les charges doit être mieux traité *a priori* que celui qui ne les a pas supportées, et c'est surtout plus sage, parce qu'il offre plus de garanties tout au moins d'affection.

Notre conclusion est donc celle-ci : le père et la mère naturels ont des droits égaux, mais l'exercice de ceux-ci appartient, jusqu'à décision contraire des tribunaux, à celui des deux qui, en fait, a élevé l'enfant ; à la première contestation, le juge attribuera cet exercice à l'un ou à l'autre, en ayant égard au plus grand avantage de l'enfant (1). L'auteur non gardien conservera un droit de surveillance qu'il tient de sa qualité de père ou de mère.

Nous ne pouvons terminer ce chapitre sans mentionner le projet de loi *sur la recherche de la paternité naturelle et la situation des enfants naturels vis-à-vis de leur père*, présenté au Congrès des Sociétés savantes par M. Raoul de la Grasserie (2). Nous trouvons dans les articles 25, 26 et 27 du chapitre II, proposées la suprématie de la mère et l'attribution au père d'un simple droit de surveillance analogue à celui de l'époux divorcé non gardien.

(1) Nous nous séparons en ceci de l'opinion de Laurent, qui semble professer que l'intervention des tribunaux doit avoir lieu pour régler chaque difficulté.

(2) *Bulletin du Comité des travaux histor. et scientif.* (Sciences économ. et sociales), publié par le Minist. de l'Inst. publique, année 1893.

C'est un troisième système, non plus d'interprétation mais de législation; on peut lui faire, nous semble-t-il, le reproche assez grave de donner à la mère naturelle plus de droits qu'à la mère légitime; une pareille disposition ne nous paraît pas cadrer parfaitement avec des lois qui admettent et favorisent le mariage.

CHAPITRE III

CONSÉQUENCES DU DROIT DE GARDE.

Nous allons traiter dans ce chapitre non pas des effets mais des conséquences du droit de garde; nous préférons employer ce mot plus large parce que les droits et les devoirs que nous allons étudier en sont la suite naturelle et légale, sans lui être toujours rattachés par des rapports de cause à effet.

Celles que nous admettons sont : le droit d'éducation, le droit de correction, le droit d'émancipation, la responsabilité civile.

§ 1. — Droit d'éducation.

Nous avons vu déjà, en parlant de l'organisation de la puissance paternelle, le fonctionnement des divers droits qui en dépendent : répétons-le encore, la puissance paternelle réside tout entière dans le devoir d'éducation et le droit qui en est le corollaire; mais elle ne peut s'exercer que par la garde de l'enfant, condition indispensable qui fait naître un droit complémentaire. Il s'ensuit que le droit d'éducation, loin d'être un effet du droit de garde, en est plutôt la cause, mais il n'est pas moins vrai que le premier est soumis au second quant à son exercice. Dès lors, on peut dire que l'exercice du droit d'éducation est la conséquence du droit de garde, puisque c'est ce dernier qui lui permet d'agir d'une façon effective.

Voyons d'abord en quelques mots quelle est l'étendue de ce droit d'éducation. Celui auquel il appartient décide dans quelle religion doit être élevé l'enfant (1) ; il règle à sa guise la façon dont celui-ci doit recevoir l'éducation chez lui ou dans un établissement ; il lui fait donner à son gré l'instruction primaire, secondaire, supérieure, professionnelle, le met, s'il l'entend, en apprentissage, donne son consentement pour les candidatures aux écoles ou aux grades universitaires ; il surveille enfin ses correspondances et ses fréquentations.

Cette direction, le père ou la mère l'exercent d'une façon absolue, à moins qu'ils n'en aient été privés dans les cas prévus par la loi ; hors ces cas, les tribunaux ne peuvent intervenir pour régler

(1) Laurent, t. IV, p. 391. — Versailles, 15 janv. 56 (Droit, 24 Janv.). — Nîmes, 12 mai 86 (Pand. Fr. 86. 2. 292. — Gaz. Pal. 86. 2. 420). — Marseille, 7 fév. 91. (Loi du 20 févr.)

l'exercice de leur droit d'éducation. C'est le principe que nous avons toujours soutenu et dont nous voyons encore une application. En le rappelant, nous avons répondu par avance à la question suivante : lorsque le genre d'éducation donné par le père n'est pas conforme à sa fortune et à sa position sociale, les tribunaux peuvent-ils intervenir ?

Nous voyons dans Locré (1) que la question fut posée devant le Conseil d'Etat.

« Un père, disait le premier consul, donne une mauvaise éducation à son fils, l'aïeul sera-t-il autorosé à lui en donner une meilleure ? Un fils parvenu à l'âge de discernement et qui ne reçoit pas une éducation conforme à la fortune de son père, peut-il se pourvoir et demander à être mieux éduqué ? Peut-être serait-il nécessaire de distinguer entre l'éducation des garçons et celle des filles (2)... » Sur l'observation de Tronchet, la question fut ajournée et classée parmi celles dites de détail qui ne furent d'ailleurs jamais résolues. La discussion très courte qui s'était d'abord engagée ne peut fournir aucun motif de décider dans l'un ou l'autre sens, car, si Tronchet déclara d'abord que l'enfant appartenait au père

(1) Locré, Législ. civ., t. VII, p. 20.

(2) Nous avons emprunté à M. Demolombe la forme plus alerte et très exacte dans laquelle il reproduit les paroles du Premier consul.

seul, Malleville fit remarquer qu'en droit romain le juge pouvait, *cognita causa*, le lui enlever ou le forcer à l'émanciper. Par conséquent, aucune indication nette ne permet de connaître le sentiment du législateur sur ce point.

Il nous faut donc raisonner, comme nous l'avons fait, lorsque nous nous sommes posé la même question pour la garde (1).

Demolombe (2) est partisan du contrôle et de l'intervention des tribunaux, et il raisonne ainsi : l'éducation est un devoir pour le père, il faut donc que la justice puisse le forcer à l'accomplir.

Assurément, mais le savant jurisconsulte n'envisage que le cas où le père ne donne à son fils aucune éducation, et alors c'est l'abandon prévu maintenant par l'article 19 de la loi du 24 juillet 1889, car il y a éducation dès que le père s'occupe de l'enfant par lui-même ou par un tiers. Or, la loi laisse au père toute latitude pour donner le genre d'éducation qui lui convient, cela résulte de son silence sur ce point, elle l'oblige seulement à un minimum d'instruction (loi du 28 mars 1882). Si donc les tribunaux interviennent, cè ne sera pas pour obliger le père à donner une éducation, mais pour apprécier le genre d'éducation, ce qui est tout différent et n'est plus de leur

(1) Rapprocher les deux discussions qui se complètent.

(2) T. IV, n° 9.

compétence. La raison invoquée par Demolombe tombe donc faute d'application et le système avec elle, puisqu'elle en était la seule base ; d'ailleurs, en l'admettant, on aboutit à des résultats qui en sont la meilleure critique.

Un père élève son enfant dans une religion, le grand-père demande qu'il soit élevé dans une autre : les tribunaux peuvent-ils avoir à statuer sur un pareil différend ?

Un père fortuné préfère donner à son fils une instruction professionnelle plutôt que de le diriger vers une carrière libérale. Est-ce aux tribunaux à l'en empêcher ?

Quel est le véritable intérêt de l'enfant ?

Peuvent-ils le connaître ?

Le père fait étudier à son fils la médecine, le grand-père demande à ce qu'il étudie le droit : voilà les tribunaux chargés de décider si l'enfant sera médecin ou avocat. Est-ce admissible ?

Si encore c'étaient des hypothèses gratuites ! mais point du tout, il suffit de lire l'arrêt de Bordeaux du 6 juillet 1832 (1) ; on y voit la Cour obligeant un père à faire continuer à son fils les études de médecine qu'il lui avait fait commencer (2).

(1) Dalloz. *Rép. Mariage*, nº 612.

(2) Solution combattue par Laurent. T. III, § 40.

On pourrait enfin reprendre, contre ce système, l'objection que nous avons faite dans le droit de garde ; à savoir que personne n'a qualité pour saisir les tribunaux.

Pour nous, le droit d'éducation est absolu, sauf les restrictions apportées par la loi ; le Code civil l'accorde aux père et mère (art. 203), sans en régler l'exercice, ce n'est pas à l'interprète de le faire. Le père a l'obligation de faire élever son enfant conformément à sa position sociale, mais c'est un devoir purement moral (1), comme ceux qui obligent les enfants au respect des parents (art. 372) : ni les uns, ni les autres n'ont de sanction légale.

Il y a cependant la loi du 28 mars 1882 sur l'instruction obligatoire qui consacre le droit de l'enfant à l'éducation et le devoir du père en établissant un minimum d'instruction qui devra lui être donné (2). Son article 4 porte que l'instruction primaire est obligatoire pour les enfants des deux sexes âgés de 6 ans révolus à 13 ans révolus. Le père peut choisir l'école, il peut envoyer l'enfant dans une école publique ou dans une école libre, il peut aussi, sous certaines conditions, le faire élever dans la famille. L'avertissement, l'affichage et l'amende, telles sont les peines

(1) Leloir. T. I, nº 95.

(2) Glasson. *Éléments de Dr. f.* T. I., p. 241 et suiv.

qui garantissent l'exécution de cette loi qu'il ne nous appartient pas d'examiner plus en détail (1).

Nous nous sommes laissé aller à une digression sur l'étendue du droit d'éducation ; il nous faut revenir maintenant à notre sujet et montrer que l'exercice de ce droit suit le droit de garde.

Aucun texte ne le dit, mais le raisonnement impose cette conclusion.

Le droit d'éducation basé sur leur devoir reste au père et à la mère, mais celui-là seul l'exerce qui a la garde de l'enfant ; et il l'exerce seul, parce que seul il le peut. Est-il besoin d'insister pour le démontrer ? L'éducation s'opère par une action de tous les instants qui revêt les formes les plus variées ; comment pourra-t-elle être donnée, si on ne peut pas disposer de l'enfant, si surtout il est dans d'autres mains qui cherchent à le diriger d'une façon différente ? Comment, par exemple, un père pourra-t-il faire élever l'enfant dans la religion de son choix, si celui-ci est confié à la mère qui en professe une autre et veut la lui faire embrasser ; et quelle influence pourra avoir l'enseignement confessionnel du dehors à côté de la direction continuelle de la famille ?

(1) Voir Leloir. T. I. p. 228 et suiv. et les auteurs spéciaux : Detourbet, Fedou, Lance, Rendu, Valabrègue (Commentaires de la loi).

D'autre part celui qui ne voit son enfant que de temps en temps sera-t-il bien en état de juger les goûts, les aptitudes de l'enfant et par conséquent de fixer le genre et le degré d'instruction qu'il convient de lui donner?

Il y a entre ces deux droits d'éducation et de garde la liaison la plus étroite, si bien qu'on ne peut restreindre l'un, sans que l'autre se trouve aussitôt diminué.

Ainsi les tribunaux, en raison de dangers que pourrait courir l'enfant, accordent quelquefois la garde en la soumettant à cette condition que l'enfant sera élevé dans tel ou tel établissement ; il en résulte une restriction qui atteint à la fois le droit de garde et celui d'éducation.

Il est juste d'ajouter et de faire remarquer que l'un comme l'autre sont soumis au contrôle de l'auteur non gardien quand il existe. C'est un tempérament à ce droit absolu, sans être une gêne à son exercice, car cet auteur ne se décidera évidemment à faire intervenir les tribunaux que s'il y a des faits d'une gravité suffisante.

Le tribunal de Bruxelles a jugé (1), conformément à la théorie que nous avons soutenue, *que la justice, en confiant l'enfant des parties à la défende-*

(1) Pasicr. Belge, 79, 3. 358. — Fontvieille, p. 121.

resse, a investi celle-ci du droit exclusif de soigner son entretien et de diriger son éducation (6 févr. 79).

§ 2. — **Droit de correction.**

Les articles 375 à 383 du Code civil donnent au père qui aura des sujets de mécontentement très graves sur la conduite d'un enfant, des moyens de correction qui consistent à le faire détenir pendant un temps plus ou moins long. Si l'enfant a moins de 16 ans, le père peut le faire détenir pendant un mois sur sa simple demande, il agit par voie d'autorité. Si l'enfant a plus de 16 ans, ou si, moins âgé, il a des biens personnels ou un état, si le père est remarié, celui-ci pourra demander au président du tribunal de bien vouloir ordonner la détention, il agit par voie de réquisition, et le maximum est de 6 mois.

Nous avons dit que le droit de correction était une sanction du droit d'éducation et que c'était ainsi un droit complémentaire de la puissance paternelle ; le droit d'éducation ne s'exerçant que s'il est accompagné du droit de garde, il en résulte que la perte ou l'acquisition de ce dernier aura forcément une répercussion sur le droit de correction.

C'est ce que dit très bien Demolombe : « Le droit de faire détenir l'enfant pendant un certain temps est une conséquence du droit de garde, c'est un moyen d'éducation ».

Le législateur ne s'est pas préoccupé des relations forcées qui devaient s'établir entre ces deux droits ; il faut donc que nous recherchions la règle générale en prenant les principes pour guides et nous contrôlerons ensuite son exactitude en l'appliquant aux solutions données dans des cas particuliers, soit par la loi elle-même, soit par la doctrine ou la jurisprudence.

Suivant le conseil de Descartes (1), « de diviser chacune des difficultés en autant de parcelles qu'il se pourrait et qu'il serait requis pour les mieux résoudre », nous allons étudier séparément trois propositions qui nous permettront de formuler ensuite la règle générale.

1° *Le droit de correction appartient également au père et à la mère.*

Il est vrai que tous deux ne l'exercent pas de la même façon et que le père seul l'exerce pendant le mariage.

Cette proposition nous paraît certaine, quoique

(1) *Disc. sur la méthode.*

l'article 381 ne parle que de la mère survivante ; le législateur n'a pas songé au cas de la dissolution du mariage par le divorce, il n'a parlé que du *quod plerumque fit*. Cette supposition est d'autant plus plausible que l'article 383 accorde aux pères et mères naturels le droit de correction et leur applique les articles 376 à 379 inclus ; or, dans ces articles, il n'est question que du père, c'est donc que le législateur a entendu, par père, celui qui exerce la puissance paternelle. Remarquons, en outre, que l'article 384 dit également : le survivant des père et mère ; mais qu'il les fait précéder de ces mots : après la dissolution du mariage, ce qui rend encore l'explication plus admissible.

Enfin, s'il en était autrement, il faudrait admettre qu'en cas d'absence ou d'interdiction du père, la mère ne peut exercer le droit de correction ; ce serait aller à l'encontre de l'interprétation admise par la grande majorité des auteurs (1). MM. Vraye et Gode (2) sont à peu près les seuls à professer un avis différent basé sur ce que, d'après eux, le droit de correction est adhérent à la qualité de père.

(1) Demolombe, t. VI, p. 348. — Aubry et Rau, t. VI, § 550. — Fontvieille, p. 134. — Laurent.

(2) T. II, nº 752.

2° *Le droit de garde est nécessaire à l'exercice du droit de correction.*

En raison pure d'abord, parce que ce dernier est la conséquence directe du droit d'éducation qui ne s'exerce lui-même que par la garde ; il en est le complément et c'est le cas d'appliquer la maxime : *accessorium sequitur principale*. N'est-il pas logique d'ailleurs de n'exercer la sanction d'un droit que si l'on exerce le droit lui-même? Or le droit de correction est la sanction du droit d'éducation qui est exercée par le gardien.

En pratique enfin, parce que celui-là seul qui élève l'enfant pourra se rendre compte des cas où l'emploi de ce moyen rigoureux sera nécessaire.

Décider autrement, s'est s'exposer à de perpétuels conflits entre celui qui aura le droit de garde et celui qui aura le droit de correction ; ce dernier pourra même faire échec au droit du premier en exerçant le sien, en faisant détenir l'enfant.

Les partisans de ce système répondent à l'objection en recourant comme toujours au contrôle des tribunaux, lesquels jugeront s'il n'y a pas lieu de paralyser le droit de correction entre les mains de celui auquel il appartient.

Demolombe (1), quoique hésitant, se range à cette

(1) T. VI, p. 295.

opinion ; d'après lui, il faut que les magistrats aient le droit d'empêcher le père privé de la garde d'abuser de son droit de correction, et ils le peuvent, puisqu'ils ont pu le priver de cette garde et de l'éducation.

A notre avis, ce n'est pas une raison : pour ces derniers, il y a un texte, l'article 302 appliqué d'une façon plus ou moins extensive, tandis que pour le droit de correction, il n'y en a pas. Si donc la perte du droit de correction n'est pas la conséquence de la perte du droit de garde, rien ne permet de l'enlever au père.

Le savant jurisconsulte ajoute : « Est-ce à dire que le père ou la mère auquel la garde de l'enfant a été enlevée, perde par cela seul et nécessairement le droit de correction ? J'aimerais mieux ne point prononcer cette espèce de déchéance. Aucun texte n'autorise à enlever au père ou à la mère les droits de la puissance paternelle. »

Il ne s'agit pas de déchéance dans l'opinion que nous soutenons, l'auteur non gardien conserve son droit de correction ; mais, privé de la garde, il n'en a pas l'exercice.

Quant au reproche de ne pas avoir de texte, il est assez singulier, nous serions curieux de connaître celui qui autorise l'intervention des tribunaux.

En définitive, ce système est moins logique et

moins pratique que le nôtre ; du moment qu'il n'est pas plus légal, nous ne voyons aucun avantage à l'adopter.

C'est un moyen facile d'éluder les difficultés que de s'en remettre perpétuellement au contrôle des tribunaux, mais ce n'est pas une opinion juridique ; avec lui les codes et les lois sont inutiles, le juge pourra toujours y suppléer.

3º *Le droit de correction n'est pas indispensable à l'exercice du droit d'éducation.*

Il est en effet une sanction rigoureuse accordée par la loi aux parents pour faciliter leur tâche dans les cas graves, mais on conçoit très bien le droit d'éducation existant sans ce moyen de coercition. Le Code civil spécifie les personnes qui pourront en user : le père, la mère, le tuteur. Et chacun d'eux est soumis à des formalités différentes destinées à garantir l'enfant et d'autant plus sévères que le législateur a plus de craintes de voir ce droit exercé par faiblesse ou par intérêt. Il en résulte que l'interprétation restrictive est de rigueur et que le droit de correction ne suit pas toujours le droit de garde ; ce dernier en permet l'exercice, le vivifie en quelque sorte lorsqu'ils se trouvent tous deux réunis.

La conclusion logique de ces observations préliminaires est la règle suivante :

Le droit de garde ne donne pas le droit de correction, mais il en rend l'exercice possible à celui qui le possédait déjà virtuellement.

Après l'avoir formulée, appliquons-la dans les différentes hypothèses ; ce sera un excellent moyen d'en contrôler l'exactitude, car nous verrons qu'elle nous donne chaque fois la solution la plus satisfaisante.

Pendant le mariage, c'est le mari qui exerce en même temps le droit de garde et celui de correction : s'il meurt, s'il est absent ou interdit, la femme recouvre *l'exercice* de ces droits (1). Les difficultés naissent, lorsqu'une des personnes auxquelles la loi a confié le droit de correction n'a pas la garde de l'enfant, par exemple lorsque les parents sont divorcés, séparés ou naturels. On peut alors se demander qui va exercer le droit de correction.

Sera-ce le père seul de préférence à la mère ? Pourquoi ? Il n'y a plus ou il n'y a pas mariage, l'un et l'autre doivent avoir des droits égaux. Si le père exerçait seul ce droit pendant le mariage, c'était, selon l'expression du tribun Albisson (2), en qualité de *chef de la société* conjugale. En outre, comme le

(1) Delvincourt. T. I, p. 245. — Duranton. T. III, n° 358. — Valette s. Proudhon. T. II, p. 245, note a. — Demolombe, T. VI, n° 348. — Aubry et Rau, T. VI, § 550, note 15. — Demante. T. II, n° 126 bis, 3. — Marcadé, art. 375-382, n° 3. — Laurent. T. IV, n° 262.

(2) Séance du 24 mars 1803.

fait très bien remarquer M. Fonvieille (1), le législateur n'a pas dit : « La mère n'exerce l'autorité paternelle qu'après la mort de son mari », mais « le père l'exerce seul durant le mariage ». D'autre part, le père pourrait, en faisant détenir l'enfant, et il le peut sans motif jusqu'à 16 ans, se venger sur lui et priver momentanément la mère de la garde.

Le père et la mère l'exerceront-ils concurremment ? L'inconvénient reste le même, puisque l'époux non gardien peut l'exercer, car il ne faut pas oublier que leurs relations seront généralement très tendues et qu'ils ne feront rien pour faciliter leur tâche. Enfin de quelle utilité sera-t-il pour celui qui n'est pas chargé de l'éducation ?

Appliquons maintenant la règle que nous avons formulée.

Si la garde a été confiée à l'un des époux, c'est lui qui exercera le droit de correction, car lui seul a besoin de cette sanction.

Est-ce le père, il l'exerce dans toute sa plénitude ; s'il en abuse, le droit de surveillance de la mère se manifestera en réclamant la garde de l'enfant devant les tribunaux.

Est-ce la mère, elle l'exerce comme si elle était survivante (art. 381), c'est-à-dire après avoir obtenu

(1) P. 138.

le concours des deux plus proches parents. Le père, forcément compris parmi ceux-ci, exercera donc, tout naturellement, son droit de surveillance.

Enfin, la garde a-t-elle été confiée à une tierce personne, celle-ci devrait, semble-t-il, exercer le droit de correction ; mais comme la loi ne lui confère pas ce droit et qu'il n'est pas indispensable à l'éducation, elle ne le pourra pas directement et personnellement. Par contre, nous ne voyons pas ce qui pourrait empêcher le tiers gardien d'obtenir la détention de l'enfant si le père et la mère y consentaient (1).

Nous nous refusons à admettre le système qui l'accorde au tribunal sur la demande du père ou du gardien (2) ; nous estimons qu'il n'a aucune base légale et qu'il n'est pas rationnel. Le père et la mère peuvent bien habiliter le tiers gardien, puisqu'ils ont en puissance le droit qui manque à celui-ci, mais les tribunaux ne peuvent pas, sans un texte de loi, conférer un droit qu'ils n'ont pas.

On ne peut terminer ce paragraphe sans citer le projet présenté à la Société générale des prisons, par un juge au tribunal de la Seine, auquel là préoccupation constante de tout ce qui touche à l'enfance a donné une réelle compétence en cette matière. M. G. Bonjean propose de modifier ainsi l'article 375 du

(1) Masselin paraît incliner dans ce sens.

(2) Bruxelles, 6 fév. 79. — Pas. belge, 79, 3, 358.

Code civil : « Le droit de correction est la sanction et le privilège exclusif du droit de garde. Il appartient donc seulement à la personne exerçant ce dernier droit, qu'elle soit ou non investie de la puissance paternelle. »

Comme interprète de la loi, nous avons dû nous contenter de la théorie que nous avons soutenue, mais, au point de vue législatif, nous n'hésitons pas à nous rallier sans réserve à ce projet, qui est une application excellente des principes rationnels que nous avons admis.

§ 3. — Droit d'émancipation.

Au point de vue de la puissance paternelle, l'émancipation est l'abandon, c'est-à-dire l'extinction volontaire des droits de cette puissance au profit de l'enfant, dans les conditions requises par la loi. Le droit d'émanciper complète la puissance paternelle, en permettant au père de renoncer à ses droits, lorsqu'il juge cette renonciation favorable aux intérêts de l'enfant.

L'article 477 du Code civil dit que le mineur pourra être émancipé par son père, ou, à défaut de père, par sa mère. C'est l'imperfection de ce texte, aussi formel qu'incomplet, qui donne naissance à toutes les difficultés de cette matière.

Le législateur a-t-il voulu accorder au père, dans tous les cas, et au père, seul, pendant sa vie, ce droit d'émancipation, ou bien a-t-il statué *de eo quod plerumque fit ?* En d'autres termes, faut-il interpréter la loi à la lettre, ou d'une façon extensive ? Si l'on adopte la première solution, le droit de garde ne peut avoir aucune influence sur le droit d'émancipation, si l'on adopte la seconde, on peut se demander quel effet aura la perte ou l'acquisition du droit de garde sur la faculté d'émanciper l'enfant.

Avant de prouver que le droit d'émancipation est la conséquence du droit de garde, nous avons donc à examiner cette question préjudicielle.

Entre les deux opinions, il est permis d'hésiter : si la première est plus conforme au texte, elle aboutit pratiquement à des résultats tellement déplorables que ses partisans sont obligés d'adopter comme correctif le contrôle des tribunaux ; quant à la seconde, si elle est plus rationnelle et plus satisfaisante dans ses applications, elle se heurte au texte de l'article 177.

Il faut pourtant choisir.

Nous ne pensons pas que l'intention du législateur ait été d'accorder ce droit au père dans tous les cas ; nous croyons plutôt qu'il a eu en vue le mariage et qu'il a voulu indiquer que, seul, le père qui exerce la puissance paternelle, pourrait l'abdiquer. Mais, lorsque les rôles sont changés, lorsque, par suite de diverses circonstances, c'est la mère qui exerce les droits, ce doit être elle aussi qui peut émanciper l'enfant. Nous avons déjà rencontré cette façon générale de statuer et cet oubli des cas particuliers : nous adoptons la même solution déduite des principes.

La plupart des auteurs n'osent accepter cette interprétation, mais bien peu consentent à appliquer rigoureusement l'opinion contraire ; dans certaines hypothèses, la doctrine est presque unanime à admettre des exceptions au texte de l'article 477. Dès lors, la brèche est faite, si un texte aussi formel n'est pas toujours applicable, c'est aux principes généraux qu'il faut avoir recours et non pas à la fantaisie de chacun.

Nous allons donc examiner les différentes exceptions admises par le plus grand nombre ; nous nous contenterons de suivre les jurisconsultes éminents qui nous font la voie libre ; seulement une fois entrés dans la place, les obstacles franchis, nous irons jusqu'au bout, alors même que nos guides ne nous précéderaient plus.

Et d'abord, pendant le mariage, lorsque le père est absent ou incapable, la mère peut-elle émanciper l'enfant ? Quatre théories répondent à cette question : une seule en faveur de la négative, trois en faveur de l'affirmative, dont deux comportant des restrictions.

La première opinion dit: jamais. Toullier (1) et Proudhon (2), qui l'enseignent, se réfèrent à l'article 477, sans donner d'autres raisons ; pour eux, les mots : *à défaut de père* ne s'appliquent qu'à l'hypothèse de sa mort.

Les trois autres répondent : oui : seulement, l'une dit : toujours (3) ; la seconde (4) restreint son adhésion aux cas où l'enfant a plus de 18 ans, afin de ne pas faire disparaître l'usufruit légal qui existe au profit du père, et la troisième restreint les effets de l'émancipation, en réservant au père, malgré celle-ci, l'usufruit légal.

Ces restrictions importent peu. De l'avis de la presque unanimité de la doctrine, la mère, malgré les termes de l'article 477, peut donc, dans certains cas, émanciper l'enfant pendant la vie du père. Les raisons qu'on fait valoir sont excellentes : l'émancipation est instituée dans l'intérêt de l'enfant, il ne faut pas que l'absence ou la maladie du père puisse le priver de cet avantage ; l'article 141 du Code civil et l'article 2 du Code de commerce peuvent être in-

(1) T. II, n° 1287.

(2) T. II, n° 425. — Dans le même sens, note de Valette, mais contra : Valette. *Explicat. du Code Nap.*, p. 307, liv. I.

(3) Demolombe, t. VIII, n° 210. — Laurent, t. V, n° 201. — Taulier, t. II, p. 86-88. — Aubry et Rau, t. I, p. 485. — Demante et Colmet de Santerre, t. II, n° 243 *bis*, IV.

(4) Marcadé, t. II, art. 477. En cas d'absence déclarée, il enseigne l'opinion précédente.

voqués ; en cas d'absence, la mère pourrait émanciper l'enfant indirectement par le mariage, puisque son consentement suffit (art. 149).

D'après Demolombe (1), « à défaut de père » signifie lorsque le père ne peut exercer le droit d'émancipation ; et Laurent (2) ajoute qu'en principe le droit appartient à celui qui exerce la puissance paternelle. Il importe de retenir ces déclarations, dont nous aurons à nous servir contre ces savants auteurs eux-mêmes.

Les difficultés naissent et les avis se partagent dès qu'on change d'hypothèse et qu'on se trouve en présence des cas où, le père et la mère étant vivants et capables, le père n'a plus seul l'exercice de la puissance paternelle : nous voulons parler de ceux où les père et mère sont naturels, séparés ou divorcés.

Si le père a conservé la garde de l'enfant, il pourra certainement l'émanciper, tout le monde est d'accord ; mais s'il ne l'a plus, si elle a été confiée à la mère ou à un tiers, le pourra-t-il encore ?

Des auteurs, très nombreux, d'une autorité incontestable (3), le prétendent, et la jurisprudence (4) les suit. Le père, disent-ils, même privé de la garde,

(1) T. VIII, nº 240, I.

(2) T. V, nº 201.

(3) Demolombe, *l. c.* — Laurent, *l. c.* — Huc, t. II, nº 351.

(4) Cass. 4 avril 1865. (D. 65, 1, 387).

conserve la puissance paternelle, la mère ne pouvant émanciper l'enfant qu'à défaut du père ; c'est donc à lui qu'appartient ce droit.

Ce raisonnement se heurte à une double objection, l'une théorique, l'autre pratique.

En effet, nous disons d'abord : le père conserve bien la puissance paternelle, c'est vrai, mais il en a perdu l'exercice ; or, émanciper, n'est-ce pas exercer cette puissance? Demolombe (1) dit : non, l'extinc-tinction n'est pas l'exercice. Et pourtant l'émancipation doit être accordée dans l'intérêt de l'enfant, c'est donc le complément du devoir d'éducation que de l'affranchir des droits qui entravent son libre développement, lorsque l'éducateur le juge utile. La raison exige que cette faculté appartienne à celui qui élève l'enfant et qui sait mieux que personne si une plus grande liberté lui sera profitable ou nuisible.

Nous ajoutons que l'application de la théorie contraire conduit à des résultats déplorables. Le père va peut-être émanciper l'enfant, alors que ce dernier n'est pas encore prêt à jouir des droits qui en découlent ; une intelligence tardive, une volonté faible, une éducation incomplète peuvent l'empêcher de profiter de cette faveur, qui deviendra, pour lui, un véritable danger.

Bien plus, le père pourra, par ce moyen, porter

(1) T. II, nº 316.

atteinte au droit de garde de la mère ou de la personne qui en a été chargée et rendre illusoire la décision de justice ; il se vengera ainsi même au détriment de l'enfant, dont l'intérêt bien entendu exigerait une surveillance sérieuse et qui se trouvera affranchi de toute autorité.

De nombreuses espèces ont montré la valeur de cette objection, et il a fallu s'y arrêter.

Les partisans de l'opinion (1) que nous combattons en ont senti la portée, et ils ont alors proposé de soumettre ce droit au contrôle des tribunaux, cet éternel contrôle qui permet si commodément aux auteurs dans l'embarras de supprimer les difficultés. Le père pourra émanciper l'enfant ; mais le gardien pourra demander la nullité de cet acte (2).

Nous serions désireux de savoir en vertu de quels principes ou de quels textes les tribunaux pourraient prononcer la nullité proposée. Demolombe, qui adopte cette solution, renvoie à l'article 485 du Code civil, dont il prétend tirer argument : or, cet article s'applique au mineur émancipé dont les engagements ont été réduits ! Nous ne voyons aucun rapport, et nous concluons, avec Laurent (3), que c'est tout simplement faire la loi.

(1) Demolombe. Valette.

(2) Jurisprudence en ce sens : Langres, 4 déc. 1889 (Loi, 28 janv. 1890). — Seine, 12 juin 1891 (Loi, 28 août 1891).

(3) T. V, No 199.

Certaines décisions de jurisprudence (1) ont imaginé un autre palliatif ; elles décident que l'émancipation est valable, mais qu'elle ne produira ses effets que dans les limites où elle ne sera pas contraire à une mesure ordonnée par la justice. Par exemple, un enfant a été confié à la mère par un jugement, ou placé dans un établissement d'éducation ; le père l'émancipe ; l'enfant sera bien mineur émancipé, mais sans pouvoir néanmoins quitter sa mère ou l'établissement.

Ce système est vraiment peu juridique. Si l'émancipation est valable, l'enfant doit avoir la situation du mineur émancipé et être maître de sa personne, la loi n'admet pas de demi-émancipation. Quant à une prétendue contradiction qui existerait entre la situation de mineur émancipé et la décision de justice, elle n'est qu'apparente : les tribunaux ont statué sur la garde d'un enfant mineur, or, il n'y a plus de mineur soumis à la garde, il y a un mineur émancipé.

Enfin, une troisième solution a été également proposée (2). L'émancipation faite par le père est valable, mais elle pourra être annulée, par fraude à la

(1) Cass. 4 avril 1865 (D. 65, 1, 387). — Rouen, 12 juin 1866 (S. 67, 2, 47).

(2) Laurent. T. V., n° 199, p. 221. — Paris, 1er mai 1813. Dalloz. *Rép. Minorité.* N° 770.

loi, dans le cas où elle n'aurait eu pour but que d'éluder la décision de justice.

C'est une appréciation très délicate et ce système laisse entières bien des difficultés, aussi ne l'admettons-nous pas plus que les précédents.

Pour nous, le droit d'émancipation fait partie des droits de la puissance paternelle. Lorsque le père et la mère ne sont pas unis par le mariage, qu'il n'y a pas de prépondérance légale du père et qu'ils ont par conséquent des droits égaux, ils devraient concourir pour les exercer. Mais, nous l'avons montré, et c'est l'esprit de la loi, l'unité de direction est nécessaire, il faut qu'un seul des deux l'exerce. Nous n'hésitons pas à déclarer que ce sera celui qui exerce les autres droits, c'est-à dire celui qui a la garde de l'enfant, condition nécessaire de cet exercice, qui exercera aussi le droit d'émancipation.

Nous allons prouver l'exactitude de la règle que nous proposons et nous montrerons en l'appliquant qu'elle est vraiment générale et qu'elle conduit aux résultats les plus satisfaisants.

Que les père et mère soient naturels, qu'ils soient divorcés ou séparés, ou que leur mariage ait été annulé, la situation est la même, nous nous trouvons en présence de deux personnes ayant des droits égaux en principe, mais entre lesquelles la loi ou les tribunaux ont choisi celui qui devait exercer la puissance paternelle, c'est-à-dire celui qui devait avoir la garde. Nous disons que c'est aussi celui-là et celui-là seul qui peut émanciper l'enfant.

A défaut de textes, on peut invoquer des arguments très sérieux.

D'abord un argument de raison. N'est-il pas logique que l'abandon des droits de la puissance paternelle soit fait par celui qui les exerce et qui seul connaît si l'émancipation sera utile ou nuisible à l'enfant ?

Un argument de nécessité ensuite. Si le père non gardien peut émanciper l'enfant, la garde deviendra illusoire, car le contrôle des tribunaux n'est pas admissible.

Enfin un argument d'analogie tiré de ce que la mère gardienne, d'après la grande majorité des auteurs, pourrait émanciper l'enfant en cas d'absence ou d'interdiction du père.

On nous objecte l'article 477 et les mots : *à défaut de père ;* mais combien sont-ils, ceux qui l'appliquent à la lettre ? Et dès lors, si l'on ne peut respecter ce texte dans tous les cas, pourquoi en rester esclave dans ceux-ci ?

D'ailleurs il n'est pas nécessaire de modifier ce texte pour nous le rendre favorable ; il y a une interprétation possible d'après laquelle on ne peut plus nous l'opposer. Il suffit de nous reporter à celle qu'en donnait Demolombe et que nous avons indiquée (1) : à défaut de père, signifie lorsque le père ne peut exercer les droits de la puissance paternelle. Eh bien, quand le père n'a plus la garde, s'il conserve les droits, il ne les exerce plus, la dévolution doit donc avoir lieu. En d'autres termes, les mots *à défaut de père* veulent dire : à défaut de père exerçant la puissance paternelle. Ainsi expliqué, le texte est plus clair, plus rationnel et plus complet ; il corroborre alors absolument notre théorie.

Ne pourrait-on pas aussi invoquer le texte de l'article 303 du Code civil ? En disant que *les père et mère conservent respectivement le droit de surveiller l'entretien et l'éducation de leur enfant,* cet article semble bien indiquer que des droits sur la personne, c'est tout ce qui reste à l'époux non gardien ; par conséquent l'exercice du droit d'émancipation a disparu avec celui des autres droits.

Ajoutons qu'une loi récente est venue consolider notre opinion.

L'article 3 de la loi du 20 juin 1896, abrogeant l'article 152 du Code civil, dit que pour le mariage de l'enfant, il suffira du consentement de l'époux au profit duquel le divorce ou la séparation aura été prononcé, et qui aura obtenu la garde de l'enfant.

(1) Voir plus haut, p. 172.

L'époux gardien peut donc émanciper tacitement l'enfant mineur en consentant à son mariage; nous ne voyons pas pourquoi il ne pourrait pas l'émanciper expressément et faire directement ce qu'il peut faire indirectement. Il est vrai qu'une autre condition doit s'ajouter à la garde: c'est que le divorce ou la séparation ait été prononcé à son profit. Cette exigence n'a rien qui doive étonner, le consentement au mariage est un droit de famille dont les conséquences sont plus graves que l'émancipation, puisque celle-ci est un de ses effets; il est juste que les conditions en soient aussi plus rigoureuses.

Pour conclure: l'époux gardien seul peut émanciper l'enfant, la mère, par conséquent, non seulement lorsqu'elle est survivante, mais encore lorsque le père est absent ou incapable, et lorsque la garde lui a été confiée à l'exclusion du père naturel, divorcé ou séparé de corps.

Ce droit d'émancipation, elle l'exerce, en cas de survivance, dans toute sa plénitude, quand bien même elle n'aurait pas la tutelle (arg. art. 478), pour quelque cause que ce soit.

Dans le cas où elle serait remariée, elle pourrait l'exercer au profit des enfants du premier lit, sans l'autorisation de son nouveau mari, lequel participe à la tutelle et non à la puissance paternelle (1).

(1) Demolombe, t. VIII, nº 203; contra, Laurent, t. V, nº 302.

« L'émancipation, comme le fait très bien remarquer M. Huc (1), peut être placée au nombre de ces actes qui ne constituent ni une aliénation, ni une acquisition, ni une obligation, et qui, par suite, peuvent être effectués sans autorisation. En outre, la femme qui se présente devant le juge de paix pour émanciper son enfant n'agit pas en justice, car le magistrat compétent remplit alors l'office d'un officier public, et non celui du juge ».

Nous n'hésitons pas à décider que l'émancipation, dans tous les cas où nous accordons ce droit à la mère, produira absolument tous ses effets. Que l'enfant ait plus ou moins de 18 ans, que le père soit absent, incapable ou seulement privé de la garde, la solution sera la même (2). Peu importe si, de ce fait, l'usufruit légal du père va disparaître ; à proprement parler, ce n'est pas un droit, c'est une faveur, l'intérêt de l'enfant doit passer avant tout ; or, l'époux gardien en est juge, et il faut croire que, dans ces conditions, le père lui-même est disposé à ce sacrifice.

Quant à faire survivre l'usufruit légal à l'émancipation (3), ce n'est pas admissible, en présence de l'article 384, qui limite sa durée à la majorité de 18

(1) Huc, t. III, n° 471, et t. II, n° 281.

(2) D'après Demante, t. II, n° 243 bis, IV, en cas d'absence ou d'interdiction du père, la mère peut émanciper, mais avec l'autorisation de justice, à cause de l'extinction de l'usufruit légal.

(3) Duranton, t. III, n° 655.

ans ou *à l'émancipation, qui pourrait avoir lieu avant l'âge de 18 ans.*

Pouvoir exorbitant, va-t-on dire; point du tout, la mère, soyons-en sûrs, n'en abusera pas, car s'il porte préjudice au père — ce qui pourrait la tenter — il lui enlève à elle tout droit sur l'enfant.

Nous n'avons envisagé jusqu'ici que le cas où la garde a été confiée à la mère, qu'arrivera-t-il si elle a été confiée à un tiers ? Notre solution diffère un peu de la précédente ; cela tient à ce que le droit d'émancipation comme le droit de correction n'est pas un effet, mais seulement une conséquence possible du droit de garde. Celui-ci permet l'exercice des droits de la puissance paternelle, mais il ne la confère pas, par conséquent il ne donnera l'exercice du droit d'émancipation qu'à celui auquel il appartient virtuellement : le père ou la mère. Si le tiers gardien veut faire émanciper l'enfant, il devra s'adresser au père et à la mère dont le concours à l'acte sera nécessaire. En effet, ils ont tous deux des droits égaux et ni l'un ni l'autre ne les exerce.

§ 4. — Responsabilité civile.

L'article 1384, § 2, du Code civil porte que *le père, et la mère après le décès du mari, sont responsa-*

bles du dommage causé par leurs enfants mineurs habitant avec eux. Et le § 5 ajoute : *La responsabilité ci-dessus a lieu à moins que les père et mère... ne prouvent qu'ils n'ont pu empêcher le fait qui donne lieu à cette responsabilité.*

Pour qu'il y ait lieu de plein droit à cette responsabilité civile, il faut donc deux conditions : d'abord que l'enfant soit mineur, c'est-à-dire soumis aux droits de garde et d'éducation, ensuite qu'il habite avec ses parents pour que la surveillance soit directe et effective.

Le défaut de cette dernière condition ne les met pas à l'abri de toute responsabilité, mais oblige seulement le demandeur à prouver leur faute. Ainsi, des parents dont l'enfant est en apprentissage ou en pension pourraient être recherchés dans les termes de l'article 1382, si la victime du fait dommageable établissait une faute à leur charge résultant notamment de la mauvaise éducation donnée à l'enfant (1).

Les devoirs de garde et d'éducation donnent donc lieu à une responsabilité basée sur une faute qui est présumée dans le cas de l'article 1384, c'est-à-dire lorsque l'enfant habite avec ses parents, et qui doit

(1) Larombière, art. 1384. n. 24. — Aix, 11 juin 1859 (S. 60. 2. 193. — D. 59. 2. 195). — Agen, 23 juin 1869. (S. 69. 2. 253. — D. 70. 2. 223).

être prouvée par le demandeur, lorsque cette condition fait défaut.

C'est du premier cas de responsabilité que nous avons à nous occuper; du moment qu'il y a une présomption de faute, il faut rechercher sur qui elle tombe.

D'abord, durant le mariage, le père seul est civilement responsable des actes de son enfant mineur, à l'exclusion de la mère (1), alors même que ce serait celle-ci qui en prendrait soin (2).

Au contraire, d'une manière générale, elle en est responsable toutes les fois que le délit ou le quasi délit de l'enfant se produit à un moment où la garde lui est légalement confiée (3).

Notamment lorsque le père est décédé, qu'il est absent ou interdit (4), lorsque la garde a été laissée à la mère, après déchéance du père, divorce, sépa-

(1) Cassation. 13 août 1877. (D. 79. 1. 182.) — Sourdat, t. II, n° 829. — Huc. t. VIII, n° 440.

(2) Demolombe, t. XXXI, n° 563, 564 et 570. — Laurent, t. XX, n° 524. — *Contra*. Sourdat, t. II, n° 829.

(3) Demolombe, t. XXXI, n° 566 et suiv. — Sourdat, t. II, n° 830. — Aubry et Rau, t. IV, p. 756, § 447, note 1, et p. 758, § 447. — Laurent, t. XX, n° 554. — Demante et Colmet de Santerre, t. V, n° 365 bis, III. — Boistel, thèse 1863, p. 245, § 2.

(4) Aubry et Rau, loc. cit. — Sourdat, loc. cit. — Larombière, art. 1384, note 3. — Duranton, t. 13, n° 716. — Marcadé, art. 1384, n° 2, — Chauveau et Hélie, t. 1, n° 209.

ration de corps (1), annulation du mariage, au cas de filiation naturelle (2).

Rien de plus juste en effet que la présomption de faute résultant d'un manque de surveillance atteigne celui auquel incombe cette surveillance ; or il n'est pas douteux que ce soit à l'époux gardien.

En cas de voyage du père ou d'une absence de courte durée, la responsabilité ne passe pas à la mère ; elle n'exerce pas légalement la garde, et si sa surveillance a été insuffisante, il y a eu faute de la part du père, qui la connaissait bien, à lui avoir confié l'enfant.

Conformément à ces principes, il a été très bien jugé que ne sont pas de plein droit responsables ni le mari de la mère naturelle (3), ni le mari d'une femme dont la fille a un enfant naturel (4). A plus forte raison les parents dont le fils majeur habitant avec eux a commis un délit ou un quasi-délit ; même dans le cas où celui-ci a agi dans un moment de folie (5) : ils ne pourraient être actionnés qu'en vertu des articles 1382 et 1383.

(1) Aubry et Rau, t. IV, p. 758. — Sourdat, t. II, n° 843. — Duranton, loc. cit.

(2) Duranton, Demolombe, Laurent, Aubry et Rau, Huc, loc. cit.

(3) Amiens, 20 décembre 1890 (*Rev. d'Amiens*, 90, 179).

(4) Rouen, 19 nov. 1878 (D. 80, 2, 38).

(5) Agen, 9 nov. 1864 (S. 65, 2, 230). Chambéry, 6 fév. 1874.

A défaut de père et de mère, la responsabilité de l'article 1384 passe-t-elle au tuteur ? La question est très controversée (1). Nous ne la discuterons pas, aucune des solutions n'étant en contradiction avec notre théorie. La négative elle-même ne saurait nous être opposée, car nous traitons du droit de garde dans la puissance paternelle et non dans la tutelle. Dans celle-ci les pouvoirs sont moins étendus d'abord, et ensuite elle est une charge assez lourde pour que le législateur ait peut-être désiré ne pas l'augmenter.

Les idées que nous avons acceptées nous amènent à décider que l'émancipation fait cesser la responsabilité de l'article 1384, la responsabilité de plein droit (2). La majorité de la doctrine (3) est en sens contraire, du moins pour l'émancipation expresse, car elle admet ce résultat pour l'émancipation par mariage.

La raison de cette distinction, vainement la chercherions-nous. Le texte de l'article 1384 parle des enfants mineurs, or l'émancipation ne fait pas cesser

(1) *Aff.* Aubry et Rau, t. IV, p. 758, n° 11. Duranton, t. XIII, n° 719. Larombière, art. 1384, n° 6. — *Neg.* Demante et Colmet de Santerre, t. V, n° 385 bis, IV. Laurent, t. XX, n° 555.

(2) En ce sens. Laurent, t. XX, n° 558. Toullier, t. II, n° 277. Boistel, t. IV, p. 246.

(3) Aubry et Rau, t. IV, p. 757, note 4. Larombière, art. 1384, n° 4. Colmet de Santerre, t. V, n° 365 bis, II. Sourdat, t. II, n° 827,

la minorité. On nous reproche donc de ne pas respecter les termes de cet article. C'est vrai, nous ne le prenons pas à la lettre, nous estimons qu'il doit être interprété et que mineur veut dire mineur non émancipé. Mais nos adversaires eux-mêmes ne suivent pas mieux le texte de la loi, puisqu'ils reconnaissent qu'il n'est pas applicable au cas de mineur émancipé par le mariage. Nous ne voyons pas en quoi cette sous-distinction est plus légale que la distinction que nous proposions. Elle est certainement moins rationnelle. La situation du mineur émancipé est différente de celle du mineur, mais elle reste la même, que l'émancipation ait eu lieu par mariage ou par acte exprès. On fait valoir d'excellentes raisons, on dit que c'est une nécessité, que le mari mineur va devenir chef de famille, que la femme mineure va se trouver en puissance de mari. Nous les trouvons fort bonnes et nous en approuvons la conclusion puisque nous voulons l'étendre à tous les mineurs émancipés. L'argument déterminant est que la responsabilité doit cesser pour le père lorsqu'il ne peut plus exercer son droit d'éducation et de garde. Comment pourrait-il être tenu d'un défaut de surveillance, il n'a plus ni le devoir, ni le droit, ni les moyens de l'exercer. On objecte que le père ne doit pas pouvoir faire disparaître volontairement la responsabilité instituée par la loi à son égard et se mettre ainsi à l'abri,

Nous répondrons : il y a une présomption légale de faute sous des conditions déterminées, droit de garde et habitation commune, elle tombe si une de ces conditions vient à défaillir, par conséquent, soit que le père abandonne son droit de garde par l'émancipation, soit qu'il place l'enfant en apprentissage ou en pension (1).

Ajoutons pour terminer que le père pourrait être poursuivi en vertu de l'article 1382, s'il avait commis une faute en émancipant l'enfant, ce que le demandeur serait tenu de prouver.

(1) La coutume de Bretagne était dans le sens de la théorie que nous avons soutenue, l'émancipation faisait cesser la responsabilité.

CHAPITRE IV

FAUSSES CONSÉQUENCES ATTRIBUÉES AU DROIT DE GARDE.

Nous allons examiner dans ce chapitre et réfuter certaines théories qui ont attribué au droit de garde des attributions que nous ne pouvons accepter. Cela est nécessaire pour compléter le chapitre précédent et délimiter exactement la sphère d'action que nous étudions.

Ces fausses conséquences sont : l'administration légale, l'usufruit légal, la nationalité, le domicile de l'enfant et le consentement au mariage.

§ 1. — **Administration légale.**

On n'a pas soutenu d'une façon générale que l'administration légale était une conséquence du droit de garde, mais, dans certaines hypothèses, la doctrine et la jurisprudence ont émis l'idée que l'administration légale devait suivre le droit de garde et appartenir à celui auquel ce dernier était confié. C'est en cas de divorce ou de séparation de corps que cette opinion a été soutenue. Nous allons la prendre telle qu'elle a été produite, nous l'examinerons dans les mêmes circonstances et nous généraliserons ensuite.

Voyons d'abord les textes du Code civil. L'article 389 dit que *le père est, durant le mariage, administrateur des biens personnels de ses enfants mineurs.* Et l'article 390 ajoute : *Après la dissolution du mariage arrivée par la mort naturelle de l'un des époux, la tutelle des enfants mineurs et non émancipés appartient de plein droit au survivant des père et mère.*

Par conséquent, pendant le mariage, administration légale du père ; à la mort de l'un des époux, tutelle légale. *Quid,* après la dissolution du mariage, lorsque les époux sont vivants tous deux, c'est-à-dire après le divorce ?

A cette question, l'opinion dont nous nous préoccupons répond : l'administration légale passe à celui des époux auquel la garde de l'enfant a été confiée.

On a présenté, à l'appui de ce système, plusieurs arguments destinés à montrer que telle a été l'intention du législateur.

Tout d'abord, on fait remarquer qu'il est rationnel de réunir dans les mêmes mains l'administration des biens et celle de la personne.

Que cette union des pouvoirs soit préférable et

qu'elle offre de sérieux avantages, nous ne le contesterons pas, mais ce n'est pas suffisant pour décider qu'il doit en être toujours et forcément ainsi. Il faudrait pour cela que l'une soit la conséquence obligatoire de l'autre, or, il n'en est rien, puisqu'en plusieurs cas nous les rencontrons séparées. Par exemple, lorsque la mère gardienne n'est pas tutrice ou lorsque les biens laissés à l'enfant l'ont été sous cette condition que l'administration légale n'appartiendrait pas au père. A la vérité, les droits sur la personne et les droits sur les biens doivent être soigneusement distingués, les premiers seuls sont de l'essence de la puissance paternelle, tandis que les seconds se conçoivent très bien détachés de celle-ci.

On ajoute que cette opinion a le mérite de confier l'administration légale à celui des deux époux qui, ayant été déclaré le plus digne de garder l'enfant dans sa demeure et de diriger son éducation, doit être réputé le plus apte à défendre tous ses intérêts.

Cette affirmation contient une inexactitude et une confusion. Une inexactitude, parce que le tribunal, guidé par l'avantage des enfants, peut confier leur garde à l'époux contre lequel le divorce est prononcé, par conséquent pas au plus digne. Une confusion, parce que l'intérêt des enfants doit diriger les juges dans leur choix plutôt que la pensée de dédommager l'époux innocent. Or, il peut très bien arriver que la mère soit plus apte à prendre soin de leur personne et le père à gérer leurs biens. Ce sont deux choses différentes qui n'exigent pas les mêmes qualités : désigner le meilleur gardien n'est donc pas désigner le meilleur administrateur.

On apporte ensuite un argument d'analogie : « Quand le père vient à mourir (1) », dit-on, ou « quand, aux termes de l'article 141 du Code civil, il disparaît pendant le mariage (2), laissant des enfants mineurs, la mère en a la surveillance et exerce tous les droits du mari (3) relativement à leur éducation et à l'administration de leurs biens, la loi réunissant alors dans les mêmes mains la direction de l'éducation et celle de la fortune. » Pourquoi, conclut-on, ne pas admettre la même solution lorsque la femme divorcée a la garde de l'enfant ?

La raison est très simple. Dans les cas cités, la mère exerce tous ses droits, parce que ceux du mari ne sont plus là pour y mettre obstacle. Mais en cas de divorce la situation n'est plus la même ; les droits du père restent intacts, ils ne perdent que la prépondérance, ceux de la mère se dressent égaux

(1) Labbé. Note sur l'arrêt de la Cour de Paris du 15 décembre 1886. (S. 88, 2, 217).

(2) Jugement du trib. de la Seine (1er ch.) du 25 nov. 1896. (Aff. Aubecq). (*Gaz des Trib.* du 2 déc. 1896). (D. 97, 2, 297).

(3) L'expression n'est pas exacte, ce ne sont pas les droits du mari qu'elle exerce, mais ceux qu'elle possédait virtuellement.

en face d'eux. Dès lors, tant que la loi ou une décision de justice n'est pas intervenue pour donner la préférence à l'un des époux, ceux-ci exercent leurs droits concurremment.

Il n'y a donc aucune analogie entre les hypothèses citées et celle-ci : l'argument est sans valeur.

On en présente un troisième (1) tiré de la rédaction de l'ancien article 267 du Code civil abrogé par la loi du 18 avril 1886, qui débutait ainsi : *L'administration provisoire des enfants restera au mari demandeur ou défendeur en divorce...*

M. Fonvieille le présente sous la forme d'un syllogisme que nous résumons un peu : *l'administration des enfants* comprend la garde de la personne et l'administration des biens, or elle n'est conservée que provisoirement, donc, l'instance une fois terminée, l'époux qui obtient la garde est aussi investi de l'administration des biens.

Cette conclusion ne nous paraît pas rigoureusement déduite. Le législateur a pu réunir les deux pouvoirs dans les mesures provisoires et les séparer au moment des mesures définitives, car sans cela pourquoi n'aurait-il pas dit de nouveau, dans l'article 302 : « *l'administration des enfants sera confiée,* etc. » ; au lieu de : « *les enfants seront confiés* » ?

(1) Fonvieille, p. 194.

En outre, l'article 267 a été abrogé par la loi du 18 avril 1886 et remplacé par les articles 238 et 240 ; si le législateur a voulu dire la même chose, pourquoi n'a-t-il pas employé des termes semblables ? Il est trop facile de retorquer l'argument et de l'opposer à ceux qui l'invoquent.

Enfin on présente un dernier raisonnement à l'appui de cette opinion.

Aux termes de l'article 386 du Code civil, la jouissance légale des biens des enfants n'a plus lieu au profit du père contre lequel le divorce a été prononcé, or l'usufruit légal a été envisagé en principe par le législateur comme une compensation aux charges du mariage et à celles qu'entraîne la gestion du patrimoine personnel des enfants. Cet usufruit légal étant attribué à l'époux au profit duquel le divorce a été prononcé, c'est à celui-ci également qu'appartiendra l'administration légale (1). En d'autres termes (2), le conjoint qui perd l'indemnité, c'est-à-dire la jouissance légale, doit être anssi déchargé des droits onéreux qui motivaient cette indemnité et notamment de l'administration légale.

Cette déduction est manifestement erronée. Ce n'est pas l'administration légale qui est la consé-

(1) Paris 15 décembre 1886. (*Gaz. Trib.*, 18 décem. 1886). Coulon et Favière p. 370. — Baudry-Lacantinerie nº 117.

(2) Fonvieille, p. 195.

quence de l'usufruit légal, mais c'est au contraire celui-ci qui doit suivre celle-là. L'usufruit légal qui n'a aucune raison d'être, nous l'avons déjà dit, est un bénéfice qui est accordé souvent à l'administrateur légal, pas toujours cependant. Ainsi le père dont l'enfant a plus de 18 ans, a l'administration légale sans avoir l'usufruit. Par conséquent on ne peut pas dire qu'elle suit ce dernier. Elle en est absolument indépendante, et l'harmonie des lois sur la puissance paternelle ne se trouverait en aucune façon troublée, si le législateur avait eu l'intention, ce que nous croyons, d'accorder l'usufruit légal des biens de l'enfant comme une compensation en faveur de l'époux au profit duquel le divorce a été prononcé.

Mais, dit-on, vous ne pouvez les séparer sans risquer de soulever des conflits. Nous le reconnaissons, tout en ajoutant que l'objection ne porte pas, étant donné qu'on peut la faire également à l'opinion que nous combattons. Celle-ci fait une confusion entre l'époux gardien et celui qui a obtenu le divorce ; or il peut arriver que la personne à qui a été confiée la garde soit celle contre laquelle le divorce a été prononcé. Si nous considérons l'administration légale comme une conséquence du droit de garde, comme c'est seulement l'époux aux torts duquel le divorce est prononcé qui perd l'usufruit légal, celui-ci sera dans des mains différentes toutes les fois que la garde des enfants ne sera pas confiée à celui qui obtient le divorce. L'examen de ces cas est la meilleure réfutation de cet argument.

Ainsi la mère obtient le divorce, mais la garde des enfants est confiée au père ; d'après le système que nous réfutons ce doit être le père qui a l'administration légale, et pourtant il n'a plus l'usufruit légal. Au contraire le divorce est prononcé au profit du père, mais la garde est laissée à la mère, celle-ci a l'administration légale, quoique le père conserve l'usufruit. Quand on aboutit à de pareilles solutions, on ne peut guère soutenir que de ces deux droits, l'un est la conséquence logique de l'autre et on est mal venu en reprochant à une théorie adverse de les séparer au risque de nombreux conflits.

Ce système a le grave inconvénient de conduire, dans certaines hypothèses, à des résultats inacceptables.

Le père, pour employer l'exemple déjà cité, a obtenu le divorce, mais la garde des enfants, dans l'intérêt de ceux-ci, a été confiée à la mère. Peut-on admettre qu'il va perdre, de ce fait, l'administration de leurs biens ? Personnellement, il n'a pas démérité, et rien ne prouve, *a priori*, que ce soit l'avantage des enfants.

Il avait une fille, je suppose, et pas de parente capable de s'en occuper, le tribunal a jugé qu'il valait mieux la confier à la mère dont la moralité est certaine, bien que le divorce ait été prononcé contre elle. Il paraît difficile de prétendre que l'intérêt de l'enfant exige qu'on enlève l'administration de ses biens au père pour la donner à la mère. Il n'est pas logique de lier ainsi ces deux pouvoirs si différents, car ce ne sont pas les mêmes qualités que le tribunal doit rechercher chez le gardien et chez l'administrateur ; chez l'un, il faut, avant tout, l'affection et la moralité ; chez l'autre, la capacité et la probité. Alors pourquoi les réunir forcément.

Autre hypothèse. La mère, gardienne des enfants, s'est remariée ; avec la garde, elle a, par conséquent, l'administration des biens ; or, ceci comprend certains actes qu'elle ne peut faire qu'avec l'autorisation de son nouveau mari ; il s'ensuivra que celui-ci, un étranger, aura plus d'influence sur la gestion des biens de l'enfant, que le père véritable, sans compter les cas, où, en fait, c'est lui qui administrera.

Enfin, une dernière considération, tirée d'un rapprochement avec l'article 391. Le mari prémourant, peut restreindre la tutelle légale de la mère, qui n'est qu'une administration moins étendue et plus surveillée, en lui adjoignant un conseil sans l'assistance duquel elle ne pourra faire certains actes. Comment aurait-il moins de droit, parce qu'il est vivant, alors que, d'autre part, le divorce a été prononcé à son profit ?

Ajoutons que lorsque la garde a été confiée à une tierce personne, cette dévolution forcée de l'administration légale, paraît excessive, même à certains partisans de l'opinion que nous avons combattue.

Que reste-t-il donc de celle-ci ? Nous avons critiqué et discuté chaque argument, nous avons attaqué l'ensemble du système, nous croyons, après cela, que l'on doit rejeter la théorie qui fait de l'administration légale la conséquence du droit de garde.

Nous devons cependant reconnaître qu'elle est très en faveur dans la doctrine (1) et dans la jurisprudence (2), quoiqu'elle n'ait pas été encore soumise à la Cour de cassation. Elle a été adoptée, notamment, dans un jugement de la 1re Chambre du Tribunal de la Seine, du 25 novembre 1896. Nous le reproduisons comme étant la décision la plus complète et la plus récente ; voici dans quelles circonstances de fait il a été rendu (3) :

Le 31 octobre 1894, Mlle Jeanne Aubecq, alors âgée de 17 ans, a été admise au Conservatoire de musique et de déclamation, dans la classe de chant.

(1) Laurent. T. III, nº 352. — Curet. P. 295. — Goirand. P. 199. — Poulle. P. 341. — Coulon et Faivre. P. 370.

(2) Paris, 15 décem. 1886 (§ 88, 2, 217). — Seine, 4 août 1888 (*Gaz. Trib.* 18 août 88). — Nice, 3 mai 1892 (*Gaz. Pal. Sup.*, 2e sem. 92, p. 27). — Seine, 28 octob. 1892 (*Gaz. Trib.*, 21 nov. 92).

(3) *Gaz. des Trib.*, 2 décemb. 96. — D. 97, 2, 297, et la note de M. Hitier.

Par le traité qu'elle a souscrit à cette occasion, elle s'engageait, à peine d'un dédit de 15,000 francs, à ne contracter aucun engagement théâtral, sans autorisation du ministre compétent, pendant le cours de ses études et le mois qui suivrait leur clôture.

Malgré les termes de son contrat, Mlle Jeanne Aubecq a contracté un engagement au théâtre de la Gaîté, au mois d'août 1895, et l'administration lui réclamait le montant de son dédit, soit 15,000 francs.

Le ministre des beaux-arts a donc assigné devant le Tribunal Mlle Aubecq et M. Aubecq, son père, qui avait garanti et cautionné l'exécution de l'engagement de sa fille au Conservatoire.

Mais les époux Aubecq étaient divorcés et la garde de l'enfant issu du mariage, avait été confiée à la mère par le jugement de divorce, qui n'avait pas statué sur la question d'administration des biens de la mineure.

Le tribunal a statué en droit dans les termes suivants :

« Attendu que, dans le silence de la loi et du jugement sur la dévolution de l'administration légale des biens de la mineure, celle-ci doit suivre la garde de l'enfant, au moins en tant que cette garde a été, comme dans l'espèce, confiée à la mère ;

« Qu'il est naturel de penser que le législateur a

voulu protéger, dans ce cas, de la même manière, tous les intérêts moraux et pécuniaires de l'enfant;

« Qu'aux termes de l'article 141 du Code civil, lorsque le père disparaît pendant le mariage, laissant des enfants mineurs, la mère en a la surveillance et exerce tous les droits du mari relativement à leur éducation et à l'administration de leurs biens, la loi réunissant alors dans les mêmes mains la direction de l'éducation et celle de la fortune ;

« Qu'il n'est aucune raison sérieuse de ne pas admettre la même solution en cas de divorce ;

« Qu'elle n'a rien de contraire aux principes de la loi en matière de puissance paternelle ;

« Que celle-ci, instituée tout autant dans l'intérêt des enfants que dans celui du père et de la mère, et pour permettre aux parents de s'acquitter convenablement de leurs devoirs d'entretien et d'éducation, appartient, en principe, tout à la fois au père et à la mère ; que si, pendant le mariage, le père l'exerce seul (art. 373 C. civ.), cela tient uniquement à ce que la famille doit être alors soumise à l'autorité du mari à qui la femme elle-même doit obéissance (art. 213); mais que lorsque le lien conjugal est dissous par le divorce, chacun des époux reprend l'exercice de son droit sans autre limite que le droit concurrent de son ancien conjoint ; qu'en cas de conflit entre ces deux droits, il appartient aux tribunaux de trancher le différend en s'inspirant avant tout de l'intérêt des enfants ;

« Que l'époux qui a été déclaré le plus digne de garder l'enfant dans sa demeure et de diriger son éducation doit être réputé le plus apte à défendre tous ses intérêts ;

« Qu'il semble naturel, d'autre part, de grouper autant que possible dans les mêmes mains tout ce qui touche aux intérêts matériels et moraux de l'enfant ; que les nécessités de la pratique imposent cette situation dont on ne saurait s'écarter sans provoquer les plus graves inconvénients toutes les fois qu'il s'agira, au nom de l'enfant, de suivre une action judiciaire ou de passer un contrat ;

« Qu'il convient de remarquer qu'aux termes de l'articte 386 du Code civil, la jouissance légale des biens des enfants n'a plus lieu au profit du père contre lequel le divorce a été prononcé ; qu'il serait évidemment illogique de lui conserver l'administration des biens dont l'usufruit légal lui est ainsi enlevé pour être donné à la mère, au risque de tous les conflits qu'une telle situation ne manquerait pas de soulever. »

On a pu reconnaître au passage tous les arguments que nous avons reproduits — quelquefois même dans des termes identiques — et que nous avons critiqués. Nous n'y reviendrons pas.

M. Hitier, dans sa note sous Dalloz (1), comprenant très bien la valeur des objections que l'on peut faire, ne veut pas que cette décision ait une portée générale et qu'elle donne une règle absolue. D'après lui, la solution de l'espèce est exacte mais il faudrait se garder de l'étendre. « Si l'on peut dire, conclut-il, que l'administration doit suivre la garde, c'est donc à une double condition : 1° à la condition que la garde soit attribuée à l'un des époux, ce qui exclut l'hypothèse où la garde va à une tierce personne ; 2° à supposer la garde confiée à l'un des époux, à la condition, en outre, que l'auteur de l'enfant à qui on donne l'administration soit celui qui a déjà la jouissance légale, et qu'on se trouve, par conséquent, réunir l'administration et la jouissance légales. »

Ces restrictions diminuent notablement la portée de la règle ; la première est logique et la deuxième équitable. Nous ne pouvons que les approuver puisqu'elles réduisent l'importance et les cas d'application d'une théorie que nous jugeons mauvaise. Nous regrettons seulement que l'arrêtiste ne soit pas allé plus loin dans cette voie et qu'il se soit laissé retenir par ces deux arguments que nous avons critiqués : l'intérêt de l'enfant veut la réunion de l'administra-

(1) D. 97, 2, 297.

tion et de la garde, l'intérêt de l'époux veut celle de l'administration et de l'usufruit. Nous répétons que le premier n'est pas un principe absolu qu'on doit admettre sans discuter ; ce sera souvent l'intérêt de l'enfant, mais pas toujours, on ne peut donc pas le considérer comme suffisant pour entraîner forcément cette réunion. Quant au deuxième, on ne peut s'en servir qu'en intervertissant les rôles ; il n'est pas admissible que le droit d'administration légale soit une conséquence de l'usufruit légal et que la dévolution de celui-là, qui a une base rationnelle et presque naturelle, dépende de la dévolution de celui-ci qui est purement fictif.

Ces raisons nous font repousser la théorie du tribunal de la Seine, même avec les rectrictions apportées par M. Hitier.

Pour rester strictement dans le cadre de notre sujet, nous devrions nous en tenir là, mais la questions est assez intéressante pour que nous parcourions rapidement les différentes solutions qui ont été proposées et que nous donnions la nôtre ; il ne suffit pas de détruire, il faut édifier, et du reste c'est une excellente critique d'une opinion que de montrer qu'il en est une meilleure.

Dans un autre sytème on indique que le père conserve l'administration légale après le divorce. L'article 390, dit-on, explique l'article 389, en indiquant que jusqu'à la mort de l'un des époux il y a administration légale, et après, tutelle (1).

On lui objecte l'article 389 qui est formel et qui dit : le père est administrateur *durant* le mariage. D'après un troisième qui a pour lui l'autorité de MM. Demante et Colmet de Santerre (2), on soutient qu'il y a lieu à tutelle dative. Ce ne serait pas le plus mauvais s'il était légal, mais il se heurte à l'article 390 qu'on est obligé d'étendre, comme l'article 389 dans le précédent.

Nous adoptons une dernière opinion qui se résume ainsi : l'administration légale du père est éteinte, conformément à l'article 389, et la tutelle de l'article 390 ne peut encore exister. C'est à la justice de donner mandat à quelqu'un d'administrer les biens (3). En d'autres termes, les tribunaux devraient statuer sur l'administration en même temps que sur la garde, c'est-à-dire au moment où le divorce est prononcé. S'ils ne l'ont pas fait, les parents sont investis concurremment de ce droit, jusqu'au jour où l'un d'eux est préféré par une décision de justice. Si, au contraire, ils statuent, ils se laissent guider par l'intérêt de l'enfant et confient l'administration, soit au gardien, soit à l'autre époux, selon les garanties de capacité qui leur sont offertes.

(1 Leloir. T. I, nº 353. — Carpentier, T. I, nº 391. — Demolombe, T. IV, nº 511.

(2) T. II, nº 138 bis.

(3) Curet, nº 295.

Ce système, qui n'est pas suivi, est le plus conforme à la loi et aux principes généraux de la puissance paternelle ; il a le mérite de s'appliquer à tous les cas et de donner les solutions les plus favorables. Il est regrettable cependant que le législateur ne se soit pas montré plus explicite.

§ 2. — Usufruit légal.

Dans notre droit civil, il n'est pas douteux que l'usufruit légal n'est, en aucune façon, une conséquence du droit de garde, puisque, des époux divorcés, c'est non pas le gardien, mais celui qui a eu gain de cause qui en bénéficie. Au contraire, en législation pure, la question peut se poser. M. Pascaud, dans une étude sur la condition des enfants, lue au Congrès des Sociétés savantes, à émis cette idée (1) : l'usufruit légal, dit-il, est la conséquence nécessaire des devoirs de garde, de direction, d'entretien, d'éducation et d'instruction.

Ce n'est pas notre avis. L'usufruit légal n'a aucune base rationnelle, il ne s'explique pas, si ce n'est par l'influence du droit féodal (2) ; on peut, à la rigueur, le considérer comme une compensation excessive des charges de l'administration, mais il

(1) *Revue gén. du Droit*, 1892, p. 314.

(2) Huc, t. III, nos 165, 166, 167.

n'y a aucun lien entre lui et les droits de garde, d'éducation. Ceux-ci sont uniquement la conséquence de devoirs stricts pour lesquels il n'y a pas lieu d'accorder un profit pécuniaire. Quel rapport peut-il y avoir, puisque ces devoirs existent vis-à-vis de tous les enfants, tandis que l'usufruit ne s'exerce que s'ils ont des biens ; la garde ou l'éducation en sont-elles plus pénibles ? Nous comprenons au contraire la relation qui peut exister avec le devoir d'administration légale ; celui-ci est, en effet, d'autant plus lourd que les biens de l'enfant sont plus considérables, et, dès lors, l'usufruit légal peut être considéré comme une compensation. Malgré tout, nous la trouvons inutile et exagérée.

§ 3. — **Domicile.**

Le domicile du mineur ne suit pas non plus le droit de garde (1), et c'est à tort que l'article 1 de la loi du 24 juillet 1889 semble en rattacher la fixation à la puissance paternelle. Il dépendrait plutôt de l'administration légale ou de la tutelle, car son importance est plus grande par rapport aux biens que par rapport à la personne. Ceci paraît assez ré-

(1) Leloir, nos 112 et 113.

sulter de l'article 102 du Code civil : le domicile de tout Français, quant à l'exercice de ses droits civils, est au lieu où il a son principal établissement. Ces derniers mots visent surtout les biens.

Aussi le domicile du mineur est chez son tuteur, alors même que le père ou la mère en ont la garde, il est en résidence chez eux (1). Solution identique quand l'administration légale et la garde n'appartiennent pas à la même personne ; le domicile est chez l'administrateur.

Nous ne voyons pas bien, en effet, comment la question du domicile intéresse la puissance paternelle.

§ 4. — Nationalité.

« Si la nationalité, dit M. Geouffre de Lapradelle (2), descend du père chez l'enfant, ce n'est pas, comme autrefois dans les lois antiques, par la force d'un même sang, c'est en vertu, de l'éducation. »

D'après cette origine de la nationalité, elle devrait suivre le droit de garde, puisque celui-ci est la condition d'exercice du droit d'éducation.

Nous ne voulons pas discuter cette théorie, ce qui nous entraînerait trop en dehors du cadre de cette

(1) Laurent, t. IV, nº 263.

(2) *Nationalité d'origine*, p. 407.

étude, nous la signalons seulement et nous nous contenterons d'examiner, négligeant la législation pure dans laquelle cette opinion est assez tentante, si dans notre droit actuel le droit de garde influe sur la nationalité.

La loi du 26 juin 1889, qui est le siège de cette matière, est très difficile à étudier à un point de vue général. Comme dans la plupart des lois modernes, le législateur a négligé les principes et multiplié les solutions de détail, il en résulte qu'on ne sait comment résoudre les cas qu'il n'a pas prévus ; de plus, il paraît ignorer l'existence d'autres lois qui touchent à celle qu'il fait, et naturellement il ne se préoccupe pas de les mettre d'accord.

Nous ne rechercherons donc pas les principes qui ont présidé à la confection de la loi du 26 juin 1889, et sur lesquels est basée la nationalité, d'autant plus que des considérations politiques devaient, dans une loi de cette nature, faire fléchir toutes les règles.

On peut dire que la nationalité est indépendante du droit de garde, parce qu'en certains cas elle ne dépend pas de celui qui exerce ce droit.

Ainsi lorsque le père a été déclaré absent, c'est le tuteur et non la mère gardienne qui doit faire la déclaration de nationalité (art. 9, § 2) ; de même, lorsque le survivant des père et mère est exclu de la tutelle, bien que, d'après nous, il conserve la garde ; mais la question est controversée.

D'ailleurs l'origine de la nationalité est assez complexe, elle est déterminée par plusieurs éléments, la filiation, le lieu de naissance et la volonté. Le droit de garde ne pourrait influer que sur ce dernier facteur et dans les déclarations de nationalité seulement.

§ 5. — Consentement au mariage.

Avant la loi du 20 juin 1896, le droit de garde et le consentement au mariage étaient étrangers l'un à l'autre. Il n'en est plus de même maintenant. L'article 3 a remplacé ainsi l'article 152 du Code civil : s'il y a dissentiment entre des parents divorcés ou séparés de corps, le consentement de celui des deux époux au profit duquel le divorce ou la séparation aura été prononcée et qui aura obtenu la garde de l'enfant suffira.

C'est une modification à l'article 148, d'après lequel, en cas de dissentiment entre le père et la mère, le consentement du père suffit. Désormais la voix prépondérante est à celui des époux divorcés ou séparés de corps au profit duquel le jugement a été rendu et auquel l'enfant a été confié ; l'attribution de la garde est donc une des deux conditions requises.

Est-ce suffisant pour reconnaître le consentement au mariage comme une conséquence du droit de garde? Nous ne le pensons pas.

D'abord c'est une solution particulière qui ne peut être généralisée, et il reste bien des cas où l'indépendance des deux droits est complète ; d'ailleurs cette indépendance a été reconnue par la loi du 24 juillet 1889 (art. 14).

Au milieu de ces décisions contraires et en présence du défaut de principes, il n'est pas possible d'indiquer une règle.

Le droit de consentir au mariage est un droit de famille, et peut-être le législateur a-t-il considéré qu'il fallait équitablement le confier au plus intéressant des deux époux, à celui qui a obtenu à la fois le divorce ou la séparation et la garde de l'enfant.

CHAPITRE V

COMMENT CESSE LE DROIT DE GARDE

Il faut soigneusement distinguer entre la suspension et l'extinction du droit de garde. Dans la première, il continue à exister, son exercice seul disparaît, et il est recouvré dès que l'obstacle a disparu : c'est une sorte d'éclipse du droit. Dans la seconde, il est éteint d'une façon complète et, s'il est parfois restitué, c'est en vertu d'une investiture nouvelle. Pour emprunter aux biens une comparaison, l'une est la perte de l'usufruit, la nue-propriété est conservée, l'autre celle de la pleine propriété, avec, si l'on veut, faculté de rachat.

N° 1. — Suspension.

Nous allons examiner successivement les différents cas où le droit de garde se trouve suspendu.

A. — *Absence ou démence.*

Lorsque le père est en état d'absence ou de démence, le droit de garde passe, nous l'avons vu, à la mère ; lorsque c'est elle et qu'elle exerce ce droit, il passe au père, s'il est vivant, il y a lieu à tutelle s'il est mort ou incapable.

Nous rappelons que l'absence présumée suffit, et que par démence on entend toute maladie intellectuelle ou physique qui met dans l'impossibilité de manifester une volonté raisonnable. Mais pour qu'il y ait dévolution du droit, il faut cependant que l'absence ou la maladie ne soient pas de courte durée, il faut, nous semble-t-il, qu'on n'en puisse pas prévoir la fin.

Si ces empêchements viennent à cesser, le droit fait aussitôt retour au premier gardien.

B. — *Décision judiciaire.*

Lorsque dans les cas de divorce, de séparation de corps, de nullité du mariage ou d'instance sur la garde entre parents naturels, le tribunal a confié la garde des enfants à l'une des parties ou à un tiers, le droit de l'autre ou celui des deux parties se trouve forcément suspendu. Mais il ne disparaît pas pour cela, il se conserve, et son existence se manifeste encore ; l'exercice du droit seul est perdu et d'une façon provisoire.

Cette affirmation n'est pas universellement admise, tant s'en faut ; plusieurs systèmes la contredisent en répondant à cette question : que devient la puissance paternelle en cas de divorce (1) ?

(1) Voir Fonvieille, p. 10.

D'après Zachariæ (1), l'époux contre lequel le divorce a été prononcé, est pour ainsi dire déchu de la puissance paternelle et il doit être considéré comme mort civilement ; c'est certainement excessif en présence de l'article 303 du Code civil, qui lui conserve le droit de surveillance.

Pour Delvincourt (2) et Locré (3), la puissance paternelle disparaît et fait place à la tutelle ; c'est une solution qui a le grave inconvénient de ne pas tenir compte des textes de la loi.

Dans une autre opinion (4) très répandue que nous avons déjà rencontrée, rien n'est changé après que le divorce a été prononcé, la puissance paternelle reste au père, sauf le droit de garde, lorsqu'il est confié à l'autre époux ou à un tiers. Pourtant, l'article 303 du Code civil dit que l'époux non gardien conserve le droit de surveiller l'entretien et l'éducation de l'enfant ; il semble bien que ce soit tout ce qui lui reste. D'ailleurs, nous avons critiqué au passage cette opinion toutes les fois qu'elle s'est manifestée, il est donc inutile d'y revenir; nous

(1) Massé et Vergé, sur *Zachariæ*, t. I, nº 271.

(2) T. I, p. 168.

(3) T. VI, p. 24.

(4) Demolombe, t. II, n. 511. — Marcadé, nº 317. — Demante et Colmet de Santerre, t. I, nº 289, — Massol nº 333. — Carpentier, nº 391. — Proudhon, *État des personnes*, t. I, p. 328.

renvoyons seulement au texte de l'article 373 et à ce que nous en avons dit précédemment.

Certains auteurs (1) enseignent que les deux époux la conservent également ; c'est exact, mais il faut expliquer cette idée et la développer.

La puissance paternelle appartient de la même façon aux deux époux, puisqu'elle a sa source dans la génération ou plutôt dans les devoirs auxquels la procréation oblige les parents. Cette égalité des droits existe même pendant le mariage, mais il ne faut pas confondre les droits et leur exercice, cette distinction est nécessaire. Un soldat a le droit de vote, bien qu'il ne puisse pas voter tant qu'il est sous les drapeaux. Or, pendant le mariage, l'exercice de ces droits est dévolu au père par la loi ; à sa dissolution, les deux époux peuvent prétendre l'un et l'autre à l'exercice de ces droits, toute prépondérance légale ayant disparu. Mais le tribunal, en statuant sur la garde, en la confiant à l'un des auteurs ou à un tiers, a privé l'autre par contre-coup de la possibilité d'exercer la puissance paternelle, puisque, nous l'avons vu, le droit de garde est indispensable à cet exercice. En définitive, on peut dire que les père et mère conservent tous deux les droits de la puissance paternelle et que le gardien les

(1) Laurent, t. III, nº 294. — Vraye et Gode, t. II, nº 748.

exerce seul, parce que seul il peut logiquement les exercer. Ce droit nu du ou des parents qui n'ont pas l'enfant, se manifeste par la faculté de surveiller son entretien et son éducation, et d'intervenir dans son intérêt. Par là, on voit bien que les droits n'ont pas cessé d'exister, qu'ils sont seulement suspendus, parce que leur exercice est impossible à cause de la privation du droit de garde. Aussi reparaissent-ils dans toute leur étendue, dès que celui-ci vient à faire retour à l'époux non gardien.

Voilà ce que devient la puissance paternelle après le divorce.

Mais le droit de garde lui-même n'est pas perdu par celui des père et mère auquel l'enfant n'est pas confié ; l'exercice seul de ce droit a fait l'objet de la décision du tribunal, parce que celui-ci ne peut pas conférer un droit de cette nature, ni prononcer une déchéance non prévue par la loi. Il s'est uniquement prononcé entre les plaideurs et a désigné celui qui exercerait un droit appartenant à tous deux.

Telle est l'interprétation la plus conforme non seulement à la raison et à l'esprit du Code, mais à ses termes mêmes. « Les enfants, dit l'article 302, seront confiés ». C'est dire qu'il ne s'agit pas de l'attribution d'un droit, qu'il s'agit plutôt d'une remise de fait, de la réalisation du droit, si l'on peut s'exprimer ainsi, en un mot d'une question d'exercice.

Cela est important à établir en raison de la conséquence suivante que nous en déduisons, à savoir que le droit de garde peut être exercé de nouveau dès que disparaît l'obstacle, c'est-à-dire le droit de préférence accordé à l'autre époux ou à un tiers par la décision de justice.

Ainsi l'enfant a été confié à la mère divorcée ; celle-ci venant à mourir, le père pourra aussitôt réclamer la garde de l'enfant (1). Il doit en effet recouvrer l'exercice de son droit, puisqu'il n'a subi aucune déchéance, et que seul le droit de préférence accordé à la mère l'empêchait d'exercer son droit de père. La Cour de cassation (2) a admis cette solution, même, dit-elle, si l'enfant avait été par le tribunal confié à une tierce personne, et elle a cassé l'arrêt de la Cour de Paris du 7 juillet 1882 (3) qui était en sens contraire.

Le droit de l'époux non gardien se manifeste après le divorce par la surveillance et le contrôle qu'il peut exercer sur l'éducation qui est donnée à l'enfant. De quelle façon se traduira-t-il ?

Certains auteurs paraissent admettre que l'époux

(1) Leloir. T. I, p. 269. — Lesenne, nº 451, *contra*. — Curet, nº 293. — Moraël, nº 630.

(2) 13 août 1884. D. 85, 1, 41, et la note de M. Faustin Hélie.

(3) D. 83, 2, 145.

privé de la garde pourra demander aux tribunaux de prendre telle mesure ou d'empêcher telle autre. M. Huc ajoute que la volonté du père devra être sanctionnée toutes les fois que l'intérêt de l'enfant n'en sera pas compromis.

Nous ne le concevons point ainsi. Le gardien a un droit d'éducation souverain et les tribunaux n'ont rien à ordonner ou à empêcher, ce n'est pas de leur compétence. Le droit de contrôle se manifestera en portant devant le juge la question de la garde, puisque l'attribution en est toujours provisoire. L'auteur dira : le gardien veut prendre telle mesure préjudiciable aux intérêts de l'enfant, il fait preuve d'incapacité, je demande la garde.

Cette solution a l'avantage de ne saisir le tribunal que dans les cas assez importants pour demander une autre attribution du droit ; en outre c'est sur celle-ci que statue le tribunal après avoir apprécié la gravité et les dangers des faits qui lui sont signalés, et non pas sur les mesures à prendre, pour lesquelles il n'a ni capacité, ni qualité.

C. — *Tutelle officieuse.*

La tutelle officieuse est un acte juridique par lequel une personne contracte, indépendamment des devoirs généraux de la tutelle ordinaire, l'obligation spéciale d'élever gratuitement un pupille et de le mettre en état de gagner sa vie (1).

Elle est instituée pour remédier à ce principe que l'adoption n'est admise qu'à l'égard des majeurs, et elle est du reste assez peu usitée.

Malgré les difficultés qui ont été soulevées, il est bien certain que le tuteur officieux exerce les droits de garde et d'éducation, puisque c'est le but et la raison même de cet acte juridique. Il n'en est pas de même des droits de correction et d'émancipation qui sont inhérents à la puissance paternelle ; mais à notre avis les parents auxquels ils restent ne pourraient pas non plus en user, si ce n'est sur la demande du tuteur officieux dont ils doivent respecter le pouvoir (2).

Il résulte de tout ceci que le droit de garde des parents se trouve suspendu ou, si l'on veut, paralysé, lorsqu'il y a eu une constitution de tutelle officieuse (3).

A la mort du tuteur, les parents recouvrent l'exercice de leurs droits ; ils étaient à peu près dans la situation de ceux dont les enfants ont été confiés à un tiers gardien.

(1) Demolombe. T. VI, p. 186.

(2) Voir suprà, p. 167 et 181.

(3) Leloir, n° 563.

N° 2. — Extinction.

Le droit de garde disparaît d'une façon complète, avec tous les autres droits de la puissance paternelle, par la mort de l'enfant, sa majorité, son émancipation, son abandon, sa cession judiciaire et par la déchéance de cette puissance.

Nous parcourons très brièvement ces différents modes d'extinction qui intéressent plutôt la puissance paternelle en général que le droit de garde d'une façon spéciale.

A. — *Mort de l'enfant.*

Le droit de garde disparaît par la mort de l'enfant, il en résulte que le gardien n'a pas le privilège de choisir le lieu et le mode de sépulture. Si les parents du même degré sont en désaccord, le tribunal statuera.

C'est ce qui a été jugé par le tribunal de Chartres : « La mort de l'enfant dont la garde et la surveillance avaient été conférées par le jugement de divorce au conjoint en faveur duquel le divorce avait été prononcé, fait disparaître la situation privilégiée de ce conjoint ; en ce qui concerne par suite la revendication du corps de l'enfant et le choix du lieu de sépulture, les droits de chacun des conjoints redeviennent égaux ;

il appartient aux tribunaux de statuer d'après les circonstances de la cause (1) ».

Le tribunal civil de Rennes (2) aboutit à la même solution après avoir déclaré pourtant que le droit de garde survit à la mort de l'enfant.

B. — *Majorité.*

La majorité met fin au droit de garde ainsi qu'à ceux dont il est la condition d'exercice : l'éducation est réputée terminée, les devoirs et les droits qui en dérivaient doivent disparaître. Si certains droits, comme le consentement au mariage, à l'entrée dans les ordres sacrés, à l'adoption, survivent encore, c'est parce qu'ils n'ont pas pour fondement unique l'éducation de l'enfant, qu'ils ont également pour base des considérations de famille.

C. — *Émancipation.*

Le même effet est produit par l'émancipation, qui est une sorte de majorité anticipée ; elle est tacite par le mariage du mineur, ou expresse : dans ce dernier cas, elle peut être révoquée. Mais il faut un acte de révocation, et jusque-là le droit de garde

(1) 27 mars 90. G. P. 90, 1, 615.

(2) 29 juin 96. *La Loi,* 29 juil. 96. — *Droit,* 7 août 96.

n'existe plus; c'est donc bien une extinction du droit et non une suspension.

D. — *Cession judiciaire.*

Nous avons vu (1) l'inconvénient qui résultait de l'incessibilité des droits de la puissance paternelle; c'est pour y remédier que l'article 17, § 1, de la loi du 24 juillet 1889 a organisé la cession judiciaire ou dessaisissement de cette puissance. Plusieurs conditions sont requises : 1° Que le mineur ait moins de 16 ans au moment de la cession (2); 2° Que les parties intéressées agissent conjointement, par conséquent qu'il y ait, en même temps que chez les parents la volonté d'abandonner leurs droits, chez les tiers celle de les acquérir; 3° Que le tribunal sanctionne cet accord par une sorte d'homologation; 4° Que les tiers cessionnaires soient ou une des administrations de l'Assistance publique, ou une association de bienfaisance spécialement autorisée à cet effet, ou des particuliers jouissant de leurs droits civils.

Il faut remarquer que les tiers cessionnaires n'acquièrent que l'exercice des droits de la puissance paternelle et que ces droits eux-mêmes restent à l'Assistance publique, qui a dès lors un droit de

(1) Supra, p. 91.

(2) Jugement du trib. de la Seine, 9 juillet 1890.

contrôle et de surveillance. Ce principe serait excellent, si ce n'était une grave erreur de la législation; en effet, l'Assistance publique, qui est considérée dans cet article 17 comme une personne morale, n'est que l'ensemble des administrations et des établissements de charité publique. M. Huc le dit avec raison, la direction et le conseil supérieur de l'Assistance publique ne forment pas un corps autonome; nous n'avons pas en France, ainsi que l'a fait observer M. Lallemand, de *Local government coard*, comme en Angleterre.

La cession peut porter sur tous les droits de la puissance paternelle ou sur une partie seulement; dans ce dernier cas le droit de garde y est naturellement toujours compris : solution tout à fait illogique qu'il est inutile de critiquer après tout ce que nous avons dit de la dépendance des autres droits.

Pendant le mariage, le père ayant l'exercice de la puissance paternelle, peut, malgré l'opposition de la mère, opérer seul cette délégation. Nous regrettons avec M. Leloir (1), que la loi n'exige pas le concours du père et de la mère. Dans ces conditions, *quid* si le père meurt ? D'après M. Nillus (2), la mère recouvre sans formalités l'exercice de son droit; mais M. Leloir pense que le père, pouvant anéantir la

(1) N° 675.
(2) N° 175.

puissance paternelle par l'émancipation, peut également la céder.

Ce dessaisissement n'est pas irrévocable, à toute époque les parents pourront demander qu'on leur rende l'enfant et leurs droits ; le tribunal sera libre d'accueillir leur requête ou de la repousser. Il y a donc bien une véritable extinction du droit, aussi la mort du cessionnaire ne le leur ferait pas recouvrer.

E. — *Abandon matériel ou moral.*

Le législateur de 1889 a admis en principe que le devoir d'éducation incombe à l'État, à défaut de parent qui l'exerce. Il y a donc lieu de surveiller et de réglementer la façon dont les mineurs abandonnés pourront être recueillis. Les établissements, les sociétés et les particuliers, après certaines formalités et un délai de 3 mois, pourront obtenir l'exercice de tout ou partie des droits de la puissance paternelle.

La situation est la même que la précédente, sauf le consentement des parents, et la restitution est également possible.

F. — *Déchéance.*

Le droit de garde se perd enfin par la déchéance de la puissance paternelle.

Avant la loi du 24 juillet 1889, cette déchéance n'était possible que dans certains cas spéciaux (art. 335, § 2, du Code pénal, — loi du 7 déc. 1874), et était toujours limitée à l'enfant à l'égard duquel le délit avait été commis.

On était donc désarmé dans une foule de circonstances où les parents abusaient de leur droits ou bien négligeaient leurs devoirs. Pour y remédier, une jurisprudence constante s'était établie, qui privait les pères et mères indignes de certains attributs de la puissance paternelle dont ils mésusaient. C'était faire la loi, mais la nécessité en était l'excuse. Le législateur de 1889 a régularisé et organisé la déchéance. Mais tandis que la jurisprudence ne prescrivait jamais que des mesures particulières, la loi du 24 juillet au contraire, selon la remarque de M. Huc (1), a procédé toujours par voie de déchéance totale et non par voie de modification partielle de l'un des attributs.

Nous ne nous étendrons pas sur les causes qui peuvent entraîner la déchéance, les unes d'une façon obligatoire, les autres d'une façon facultative pour le tribunal. De toutes manières, la puissance paternelle disparaît d'une façon complète ; par conséquent, le droit de garde avec les autres droits. Bien plus, le

(1) T. III, p. 211.

même résultat se produit pour la mère, dont la dépendance à l'égard du père a donné des craintes au législateur; à moins que le tribunal n'en décide autrement. Mais, pour elle, le droit est seulement suspendu; à la mort du père, elle recouvrera ses droits sans formalités (1), tandis que, pour celui-ci, il y a une véritable extinction, bien qu'il puisse obtenir leur restitution par une demande en justice.

(1) Voir supra, p. 118.

CHAPITRE VI

LIMITES DE L'INTERVENTION DES TRIBUNAUX.

On conçoit l'intervention des tribunaux, soit dans l'exercice du droit de garde, soit dans l'attribution de ce droit. Nous nous sommes occupé de la première en traitant de la souveraineté du droit de garde ; nous avons fréquemment rencontré la seconde, et dans chacun des cas spéciaux où le contrôle des tribunaux a été proposé, nous avons donné notre avis. Il nous reste maintenant à envisager la question à un point de vue général.

Quand les tribunaux peuvent-ils attribuer le droit de garde ?

Ils le peuvent toutes les fois que les parties qui la réclament ont un droit égal, et que la loi n'a pas indiqué de préférence ; par exemple entre des époux divorcés ou des père et mère naturels. Ils le peuvent encore pour prononcer la déchéance de la puissance paternelle dans les cas prévus par la loi. Voilà leur sphère d'action, voilà leur rôle.

Mais un parti important (1) dans la doctrine soutient que l'une et l'autre sont plus étendus ; nous allons voir ce qu'il faut en penser en répondant à la question suivante : les tribunaux peuvent-ils modifier la dévolution, l'attribution du droit de garde ? En d'autres termes : peuvent-ils faire échec à la puissance paternelle en confiant la garde de l'enfant à un autre que celui qui exerce cette autorité ?

Nous n'hésitons pas à répondre non.

Aucun texte n'y autorise les tribunaux, et ce n'est pas l'esprit de la loi, car celle-ci, en leur permettant d'intervenir dans certains cas spéciaux, où cela était logique et aurait dû être admis, même dans le silence du Code, a indiqué, au moins d'une façon implicite, qu'elle n'entendait pas le leur accorder toujours. Ce n'est pas non plus conforme aux principes généraux. Le législateur a indiqué à plusieurs reprises la dévolution normale du droit de garde, c'était probablement pour qu'elle fût suivie, or, dans le système du contrôle des tribunaux, cette attribution légale devient absolument inutile. Pourquoi dire qu'à défaut de père la mère exerce la puissance paternelle, si les tribu-

(1) Louis Didier, Étude sur la loi du 24 juillet 1889. *Droit* du 1er janv. 1891. — Tesloud, Le contrôle de la puiss. pat. par les tribunaux, *Rev. crit.*, 1891, p. 16 et S. — Naquet, Note. S, 91, 2, 25. — Bourcart, Congrès des Soc. sav. de 1891. — Charmont, *Rev. crit.*, 1891, p. 576.

naux peuvent l'empêcher sous le prétexte qu'à leur avis l'enfant sera mieux élevé par une autre personne. Du reste le père et la mère seuls peuvent être en concurrence pour l'exercice de ces droits, car ceux-ci sont corrélatifs des devoirs qui incombent, en raison de la procréation, devoirs qui ne regardent que les père et mère. De sorte que les tribunaux, toutes les fois où ils préfèrent une autre personne à celui qui doit exercer la puissance paternelle, ne font pas une simple désignation d'un gardien, ils créent à son profit un droit. Comment peut-on, dans le silence des textes, leur accorder une pareille faculté ? La mission des tribunaux civils est de départager des plaideurs qui font valoir chacun des droits, mais encore faut-il qu'ils en aient. Or dans les cas qui nous occupent, l'un d'eux n'a qu'un droit manifestement inférieur, tel que le tuteur, ou même il n'en a pas du tout ; on ne comprend pas que dans ces conditions, le tribunal puisse, sans un texte formel, lui en conférer un et faire ainsi échec à une autorité consacrée par la loi. Ajoutons qu'un grave défaut de ce système, c'est d'ériger l'arbitraire en règle générale.

Malgré cela, jusqu'à la loi du 24 juillet 1889, la jurisprudence et la doctrine ont été presque unanimes à admettre le contrôle et l'intervention des tribunaux. On cherchait des raisons pour les légitimer ; on disait : la puissance paternelle dans notre Code civil est basée sur l'intérêt exclusif de l'enfant. Oui, mais le législateur a admis que cet intérêt exigeait que l'enfant fût confié à son père ou à défaut à sa mère, sauf certains cas déterminés. On scrutait les travaux préparatoires et l'on concluait en disant : s'il n'y a pas de texte pour nous, c'est un oubli. Peut-être, mais cela n'est pas suffisant pour servir de base à une opinion.

On citait même l'article 302, sans se demander si c'était une règle générale ou une exception. Enfin, on invoquait la jurisprudence des Parlements, *l'imperium* du préteur romain, sans se préoccuper de l'article 5 du Code civil qui refuse aux juges tout pouvoir de réglementation.

Toutes ces raisons étaient mauvaises, la meilleure était encore celle tirée de la nécessité : nous faisons la loi, parce qu'il le faut, parce que nous ne pouvons pas laisser sans défense l'enfant maltraité. C'était l'aveu que M. Demolombe, à bout d'arguments, laissait échapper : « Ce droit n'est pas écrit, sans doute, dans un texte formel, mais il est fondé sur la nécessité, et dès lors, il doit avoir pour mesure et pour limite cette nécessité même qui en est la cause (1). »

On pouvait donc dire que la jurisprudence était

(1) T. VI, n° 369.

arbitraire (1) et qu'elle s'était, selon l'expression de l'arrêt de Poitiers (2), arrogé le droit d'intervenir dans l'attribution du droit de garde et l'exercice de la puissance paternelle (3).

Vint la loi du 24 juillet 1889, organisant la déchéance de la puissance paternelle, et par ce fait protégeant l'enfant. Devait-elle déterminer l'abandon de la jurisprudence antérieure ?

La question est très controversée ; elle était résolue dans le sens de l'affirmative par la plupart des auteurs et par les décisions judiciaires dont la plus importante fut l'arrêt de la Cour de Poitiers du 21 juillet 1890 (4). Cette solution rencontrait cependant quelque résistance dans la doctrine (5). Un jugement du tribunal de la Seine (1er ch.) du 6 août 1896 (6), rendu sur conclusions conformes de M. le substitut Seligman est venu fortifier cette opposition et a rouvert la discussion.

Nous allons donc l'aborder.

(1) Laurent, t. IV, nos 291 et 292, t. V, n° 199.

(2) 21 juillet 1890.

(3) En ce sens : Leloir, nos 533 et suiv. — Drucker, p. 104 et suiv.

(4) S. 91. 2. 15. — J. du trib. de St-Quentin, 27 décembre 1889 et J. du trib. de Toulouse, 3 juillet 1890. — Agen, 6 nov. 1889. S. 90. 2. 132, D. 90. 2. 25, et la note de M. de Loynes.

(5) Naquet, note S. 91. 2. 25. — Bourcart, note S. 91. 2. 17. Charmont, — Testoud. cités plus haut, p. 226, à la note 1.

(6) *Gaz. des Trib.*, 8 août 1896.

A notre avis, l'ancienne jurisprudence doit être abandonnée ; elle n'était basée, nous l'avons vu, que sur la nécessité de défendre l'enfant ; or la loi du 24 juillet 1889 fournit les moyens de le protéger.

De plus cette loi semble bien être introductive d'un droit nouveau, elle forme un tout qui règle les déchéances de la puissance paternelle ou plus exactement qui organise la protection des enfants.

Or elle ne procède jamais par voie de déchéance partielle mais toujours par voie de déchéance totale ; à tort ou à raison on n'a pas admis la suspension d'une partie des droits de la puissance paternelle, et les travaux préparatoires nous montrent qu'on l'a formellement repoussée.

Pourquoi alors, demande-t-on dans l'opinion que nous combattons, la loi n'a-t-elle pas condamné formellement la jurisprudence antérieure ? Précisément répondrons-nous, parce que celle-ci n'avait aucune base légale et que la loi nouvelle instituait des moyens beaucoup plus radicaux. Si elle avait voulu maintenir l'intervention des tribunaux, elle l'aurait indiqué, c'était une occasion de la légitimer par un texte.

On ajoute que les tribunaux, en privant le père de la garde, ne prononcent pas de déchéance, qu'ils lui paralysent seulement l'exercice de la puissance paternelle. Rigoureusement, c'est vrai, mais en fait il n'y a pas grande différence, ainsi que le faisait remarquer M. Jay à la Société générale des prisons.

Un fait est là, vous privez le père de l'exercice d'un droit qui lui est reconnu, consacré par un texte précis, et rien ne vous y autorise, ni une disposition légale, ni l'esprit du Code qui ne peut être en opposition avec des articles aussi clairs, ni même la nécessité, puisque vous avez aujourd'hui une loi qui vous arme contre le père de la façon la plus complète. Elle est trop radicale, dites-vous, elle ne s'applique pas à tous les cas, et, dans certaines circonstances, vous préférez une mesure moins grave.

Il nous semble pourtant que le paragraphe 6 de l'article 2 est aussi large que possible : En dehors de toute condamnation, les père et mère qui, par leur ivrognerie habituelle, leur inconduite notoire et scandaleuse ou par de mauvais traitements, compromettent soit la santé, soit la sécurité, soit la moralité de leurs enfants.

Si la loi exige des torts caractérisés, c'est justement pour que la déchéance ne soit pas prononcée sans motifs sérieux, mais elle vise dans cet article tous les cas où l'enfant court un danger matériel ou moral.

Quant à la différence qui existe entre prononcer la déchéance et priver le père de la garde de l'enfant, il faut reconnaître qu'elle est surtout théorique. En fait, dans les deux cas le père perdra l'exercice des droits sur la personne de l'enfant, jusqu'au jour où elle lui sera restituée par une autre décision de justice.

Pourquoi alors, puisque le résultat est le même, ne pas employer des deux moyens le seul légal et persister à vouloir faire la loi ?

Nous repoussons énergiquement, quant à nous, le contrôle et l'intervention des tribunaux hors les cas prévus par la loi. Dans notre législation, cela ne nous paraît pas douteux ; mais nous pensons qu'il faut l'écarter même en droit pur. L'éducation d'un enfant exige avant tout de l'unité dans la direction et de la la méthode ; un plan, fût-il médiocre, du moment qu'il est suivi exactement vaut mieux que l'emploi successif d'autres systèmes supérieurs.

En outre il faut tenir compte, en réglant la puissance paternelle, non seulement de l'intérêt de l'enfant, mais encore de l'affection légitime des parents. Leurs devoirs et leurs droits sont basés sur la nature, aussi ne doit-on pas les en dépouiller sans de graves motifs. Ces motifs, la loi les prévoit et les indique, et il est nécessaire qu'elle le fasse, ponr ne pas laisser à l'arbitraire des tribunaux une institution de cette importance (1).

(1) Nous avons résumé à dessein cette discussion ; après les excellentes dissertations de M. de Loynes (D. 90, 2, 25), — de M. Leloir, Code de la Puiss. Pat. n°s 519 et suiv., — de M. Drucker, p. 112 et suiv., nous n'aurions pu que répéter ce qu'ils ont dit.

CHAPITRE VII

LÉGISLATIONS ÉTRANGÈRES.

Nous allons passer en revue rapidement les principales législations étrangères, en relevant seulement les dispositions propres à chacune d'elles.

CODE CIVIL ALLEMAND

A. — *Enfants légitimes.*

Le mineur est soumis à la puissance paternelle qui est exercée par le père et par la mère. Ils ont le droit et le devoir de prendre soin de sa personne, ce qui comprend celui de demander qu'il soit remis par toute personne qui le retient illégalement et de fixer sa résidence. Pendant le mariage, la mère prend également soin de l'enfant, exerce son droit de contrôle, mais, en cas de dissentiment, l'avis du père l'emporte. Lorsque le mariage est dissous par le divorce, la garde de l'enfant appartient à celui des époux qui n'est pas coupable ; s'ils le sont tous deux, le père conserve les garçons âgés de plus de 7 ans ; mais le tribunal de tutelle peut modifier cette attribution et il règle le droit de visite de l'époux non gardien (art. 1626, 1631, 1632, 1634, 1635 et 1636).

La solution est la même lorsque le mariage a été dissous par un nouveau mariage, après déclaration de décès (absence), et que le premier époux est vivant (art. 1348 et 1637).

C'est toujours le père qui représente le mineur, même s'il n'en a pas la garde (art. 1635).

Lorsque le père devient incapable, c'est son curateur qui prend soin de l'enfant et dont l'avis prévaut en cas de désaccord. S'il est empêché pour longtemps d'exercer en fait la puissance paternelle, le tribunal de tutelle en suspend l'exercice ; s'il encourt certaines peines, il en est déchu (art. 1676, 1677, 1679, 1680).

Lorsque le père vient à décéder, la puissance paternelle (1) passe à la mère, de même que dans les deux cas précédents, et elle est exercée comme par le père, sauf qu'un conseil peut être établi auprès d'elle.

Lorsque l'enfant est pourvu d'un tuteur ou d'un curateur, la mère prend soin de la personne de l'en-

(1) En droit français, elle disparaît et fait place à la tutelle légale.

fant, à côté de lui, comme à côté du père (art. 1698). Un second mariage restreint la puissance paternelle aux droits de garde et d'éducation (art. 1697).

Le tribunal de tutelle exerce un contrôle sur l'usage que le père fait de son autorité et il peut prendre toutes les mesures nécessaires pour détourner le danger qui menace les intérêts moraux ou matériels de l'enfant. Il peut notamment confier la garde à des tiers (art. 1666).

Celui qui exerce la puissance paternelle peut en mourant nommer un tuteur (art. 1777).

B. — *Enfants naturels.*

La mère seule a les droits de garde et d'éducation à l'exclusion du père, mais elle n'a que ces droits (art. 1707).

DROIT ANGLAIS

L'autorité paternelle appartient au père, la mère ne l'exerce qu'en cas de survie. Le père peut obliger ses enfants mineurs à rester au lieu qu'il leur a assigné, même en employant la force armée.

Mais en cas d'abus la justice peut intervenir et enlever la garde ; c'est, d'après un très ancien principe du droit anglais, le lord chancelier qui exerce, au nom du roi, un droit de surveillance sur tous les enfants, en vertu duquel il peut déléguer la puissance du père de famille indigne à un étranger. Un acte de 1873 lui permet de confier à la mère la garde des enfants au-dessous de 16 ans. D'ailleurs le père ne la perd que s'il a eu des torts envers eux, et la jurisprudence reconnaît la validité des engagements entre époux à ce sujet.

D'après une loi du 26 mars 1891 (1), lorsque le gardien d'un enfant s'adresse à la Haute-Cour, ou à la Court of session pour obtenir la remise de cet enfant, si la Cour pense que ce parent a abandonné ou délaissé l'enfant ou s'est mal conduit à son égard, de telle manière qu'il n'y ait pas lieu de reconnaître son droit naturel de garde, elle peut à sa discrétion accorder ou refuser l'ordre de remise.

CODE CIVIL ESPAGNOL

La puissance paternelle appartient au père et à la mère, celle-ci à défaut du premier, mais la tutelle n'a pas lieu tant que l'un ou l'autre vit.

Quand une action en *divorcio* (nullité canonique)

(1) *Annuaire de législ. étrang.*, 1892, p. 14.

a été intentée devant le tribunal ecclésiastique, le tribunal civil est compétent pour la garde des enfants (art. 81). Celle-ci peut être enlevée aux parents qui se montrent d'une dureté excessive ou donnent de mauvais exemples (art. 171).

La mère qui convole en secondes noces perd, pendant la durée de son nouveau mariage, la puissance paternelle sur les enfants du premier lit, à moins que le père, dans son testament, n'ait ordonné le contraire.

Lorsque la nullité d'un mariage est prononcée, la garde des enfants appartient à l'époux de bonne foi ; s'ils l'étaient tous deux, la mère conserve les filles et les garçons âgés de moins de 3 ans ; s'ils étaient tous deux de mauvaise foi, il y a lieu à tutelle. Il en est de même après la séparation de corps, lorsque les deux époux sont coupables. Néanmoins, la mère, sauf disposition contraire du jugement, conserve la garde des enfants mineurs de 3 ans.

L'époux innocent a la garde des enfants, mais à sa mort elle passe à l'autre époux (1).

Le droit d'émanciper appartient à celui qui exerce la puissance paternelle (art. 314).

(1) Code civil espagnol promulgué le 24 juillet 1889, par A. Levé.

CODE CIVIL PORTUGAIS

Deux particularités à signaler.

La puissance paternelle peut être enlevée au père en cas d'abus et elle peut être suspendue pendant un certain temps comme accessoire de la répression d'un délit (art. 141).

Une délibération du conseil de famille peut l'enlever à la mère ; c'est lui qui décide, en cas de demande en séparation de corps, à qui sera confiée la garde des enfants (art. 1207).

CODE CIVIL ITALIEN

La mère exerce la puissance paternelle en cas d'impossibilité de la part du père ou après son décès ; mais, dans ce dernier cas, le père peut, par testament, lui imposer certaines conditions (art. 235). Il n'y a pas lieu à tutelle tant que l'un des deux auteurs est vivant.

En cas d'abus, les tribunaux peuvent prendre toutes les mesures qu'ils jugent convenables (art. 233).

Le droit d'émanciper appartient à l'auteur qui exerce la puissance paternelle (art. 311).

Les enfants naturels ne sont pas soumis à la puissance paternelle, ils sont en tutelle.

LÉGISLATION DE LA NORWÈGE ET DU DANEMARCK

La puissance paternelle est soumise au contrôle de l'autorité judiciaire ou de l'autorité administrative ; les parents n'ont pas, semble-t-il, le choix absolu de la carrière de l'enfant. Leur pouvoir s'éteint, du reste, de bonne heure : 15 ou 18 ans ; de plus, la profession de marin émancipe, de même que, pour les filles, le service chez des particuliers comme domestiques.

LÉGISLATION RUSSE

Le père et la mère sont investis ensemble de la puissance paternelle ; s'ils sont d'avis différents, celui du père l'emporte, mais la mère peut intervenir auprès du juge et se faire confier l'enfant, si elle juge préjudiciable la volonté du père. A partir de 17 ans, les enfants ne sont plus soumis à un pouvoir d'éducation souverain, ils peuvent contester les mesures adoptées et choisir leur carrière, en s'adressant au tribunal des orphelins. Avant cet âge, le pouvoir des parents ne relève du contrôle des tribunaux que pour les actes réprimés par le Code pénal.

Vu
Le Président de la thèse,
CH. MASSIGLI.

Vu
Le Doyen,
GARSONNET.

Vu et permis d'imprimer :
Le Vice-Recteur de l'Académie de Paris,
GRÉARD.

PIÈCES JUSTIFICATIVES

DONATIONS D'ENFANT

I

Ms. de la Bibl. d'Avignon, 2812, fol. 125. N° 48.
11 juin 1477.

(Fol. 82, v° des notes brièves de Bertrand Magni, notaire au Thor, de 1477 ; au pouvoir de M. Flassany, notaire au Thor, en 1789 ; M. Imbert, notaire au Thor, devenu propriétaire en 1789).

Donatio pueri pro Ludovico Ricordi.

Anno quo supra (scilicet anno a nativitate Domini millesimo quadringentesimo septuagesimo septimo) et die XI mensis junii, notum, etc... quod personaliter constituta honesta mulier Francesia Enfantine, Gratianopolis diocesis, habitatrix loci de Thoro, diocesis Cavallicensis, que considerans se fore gravidam et in brevi esse parituram filium vel filiam, et cum non habeat virum nec parentes aliquos nec etiam unde possit nec valeat sustentari in puerperio, cupiens, ut melius poterit, sibi provideri, gratis et ex ejus certa scientia, etc., dedit et donavit Ludovico Ricordi, laboratori dicti loci de Thoro, ibidem presenti et recipienti, donatione pura que fieri dicitur inter vivos, etc., videlicet dictum puerum de quo gravidatur, filium vel filiam, si veniat ad lucem et ad sanctum fontem baptismatis, cum pactis sequentibus : Primo videlicet, quod dictus Ludovicus teneatur et debeat facere jassinam dicte Francesie et sibi de victibus et aliis necessariis providere, durante mense puerperii, suis sumptibus et expensis. Item, quod dicto mense durante, dicta Francesia teneatur et debeat dictum puerum, filium vel filiam, lactare, regere et gubernare bene et decenter, tanquam suum proprium et carum filium. Item plus, fuit actum quod si lapso dicto mense, ipsi non possint inter se convenire et concordare de salario ipsius Francesia pro lacte et regimine dicti pueri pro anno vel pro parte anni, quod eo casu dictus Ludovicus teneatur ipsum puerum recipere et alibi de nutrice providere et ipsum sustentari facere, ubi sibi placuerit, absque eo quod dicta Francesia aliquid petere possit, et quod ipsa Francesia etiam alibi possit et valeat suum lac vendere et locare ubi voluerit.

Promiserunt dicte partes, scilicet dicta Francesia dictam donationem tenere et in eodem puero nihil petere nec alibi dare, etc. Dictus Ludovicus pacta predicta servare sub restitutione damnorum, etc. Pro quibus obligaverunt se et omnia bona sua et suorum, mobilia et immobilia, prœsentia et futura, jurisdictioni curiarum Thori, spiritualium et temporalium Avinionis, Carpentor, Cavallicens, Insule Venaissini et totius Comitatus ejusdem et domini auditoris, et cujuslibet eorum et per pactum, etc. Et ita, etc., juraverunt, etc., renunciaverunt. De quibus actum Thori, in hospitio Ludovici, de Stilligine, presentibus testibus Petro Rabani, fabro, et Hugueto Moissoni, brasserio, tam dicti loci quam habitatoribus.

Et me Bertrando (Magni).

Extractum ex actis notarum brevium magistri Bertrandi Magny, no^{ii} dum viveret presentis civitatis de

Thori per me, Angelum Alasium Bernardum Imbert, etiam notarium ejusdem civitatis nec non dicti Magny scripturarum proprietarium et debita collatione facta requisitum me subscripsi in fidem quorum Thoro hac die 30 junii 1789.

IMBERT.

II

Ms 2812, fol. 277, 1520, 2 Septembre, N° 100

(Fol. 139, des notes brièves de Drivoy-Prévost, notaire de Valréas de 1520).

Donatio pueri pro Domino Petro Olerii, de Sadarone.

Anno et die prædictis (scilicet à nativitate Domini millesimo quingentesimo vigesimo, et die secunda mensis septembris), noverint universi quod cum magister Georgius Tarditi, faber, loci de Moyrenque, Gratianapolis diocesis, pronunc habitator Valviaci, habuerit ex légitimo matrimonio, ut asseruit, à Johanna Pelhe, ejus quondam uxore, mandamenti de Vigille, ejusdem Gratianopolis diocesis, prout ex nunc de præsenti habet, Franciscum Tarditi, ætatis undecim mensium, vel circa, quem propter ejus inopiam et paupertatem alere, minusque nutrire, et de sibi necessariis providere non potest, quia est pauper, inops, carens bonis tam mobilibus quam immobilibus, senio fractus, impotens et imbecilis de ejus persona, prout apud omnes de eo notitiam habentes, legitime apparet, attendens et præmeditans quod ipsa Johanna Pelhe, ejus uxor quondam et dicti Francisci mater, ab hoc seculo migravit, ob quod dictus Franciscus posset perire fame attendens que fiduciam et amorem quos ipse Georgius pater et dicta Johanna mater olim habuerunt, prout adhuc de præsenti ipse Georgius habet, erga venerabilem virum dominum Petrum Olerii, de Savornono, habitatorem Sadaronis, propter innumerabilia servitia et lona quæ eis fecit, et quia dives et potens est, ut asseruit, supradictus magister Georgius Tarditi, gratis et sponte per se et suos, etc., prœmissis attentis et aliis justis de causis, ut asseruit, animum suum moventibus, dedit, donavit, cessit, remisit et transtulit et desemparavit supra dicto domino Petro Olerii, præsenti et stipulanti pro se et suis, etc., donatione propter nuptias, et alias quæ fit et fieri dicitur inter vivos, videlicet dictum Franciscum Tarditi, ejus filium naturalem et legitimum ex legitimo, ut asseruit, matrimonio progenitum, et hoc amore Dei et ne ipse Franciscus propter inopiam et paupertatem ejusdem magistri Georgii, ejus patris, pereat fame, et ut potius ad honores mundi valeat et possit mediante auxilio et juvamine ipsius domini Petri Olerii, pervenire, qui, inquam, dominus Petrus Olerii præmissis, attentis et consideratis, intuitu pietatis et amore Dei, ipsum Franciscum acceptavit et acceptat, promisitque ipsum alere, nutrire, alimentare, vestire, calceare ac de alimentis sibi necessariis providere, in foro ejus conscientiæ ac si esset de suis propinquioribus et proximis parentibus progenitus. Divestiens et tactu manuum suarum dextrarum investivit etc., dans licentiam et auctoritatem, etc., faciens et constituens, etc., promittens, etc., pro quibus, etc., obligavit, hypothecavit, supposuit quoque et submisit dictus Georgius Tarditi : se et suos prædictos ac omnia sua suorum bona mobilia et immobilia, præsentia et futura quæcumque viribus, vigoribus, rigoribus, stilis, jurisdictionibus, censuris, ac meris examinibus curiarum cameræ apostolicæ domini nostri papæ, ejusque generalis auditoris, vice-auditoris, vice-gerentis in Avinioni residentis, ac spiritualium et temporalium ejusdem, Avinion, Carpent, Cavallion, Vasion, Insulæ, Venaissini, Valraci etc., necnon venerabilis parlamenti Dalphinatus, Gratianopolis, Cabeoli, Sancti Marcelini, Buxi, Serri, Nionis, Montilii, Adhemarii, Cresse Arnaudi, Diens, Valentinens, Fricastricens, Vapicens, Ebredunens, dicti loci de Moyrenque, etc., et ita juravit, etc., renunciavit, etc., de quibus, etc. Actum Valriaca, in horto domûs habitionis, Francisci Coste, prope puteum, præsentibus ibidem eodem Francisco Coste, venerabilibus viris dominis Johanne Queyrati, prœsbitero, Fercolo Montani, domino petro Chasals, etiam præsbitero de Valriaco, domino Matheo Rigaudi, presbitero de Montebrisonne, domino Thoma Gaudiberti, præsbitero de Buxo, Testibus, etc. Et me Drivono Præpositi, notario qui, etc.

Collationné par moy noble Prosper-Louis Bruno Gueymard, avocat commissaire et propriétaire des écritures de feu Monsieur Drivoy-Prévost, no^e de Valréas, auxquelles je me reporte en foy. A Valréas ce treizième Avril mil sept cent huitante deux.

GUEYMARD.

III

Ms. 2812, fol. 143, 1486, 13 may. N° 58.

Donatio filie pro venerabili viro, Domino Johanne Revronis, juris perito, habitatore Avinionis.

Cum venerabilis vir dominus Johannes Revronis, juris peritus, habitator Avinionis, existente judice in villa Valraci, diocesis Vasionensis, ibidemque moram traxerit anno proxime elapso, et notitiam habuerit cum Catherina Choderassa, vidua et relicta Petri Girardi, quondam sartoris, habitatoris dicte ville Valriaci, et societatem ac carnacem copulam cum eodem Catherina habuerit, ex quaquidem carnali copula dicta Catherina gravida remanserit, et his diebus proxime effluxis parturierit unam filiam nomine Faveta, prout prœmissa omnia et singula partes ipse assererunt fore vera, in præsentia mei notarii ;

Hinc propterea fuit ac est, quod anno Domini millesimo quadringentesimo octuagesimo sexto, et die decimo tertio mensis maii, dicta Catherina, ejus medio juramento in manibus mei notarii gratis præstito, dixit et juravit, in ejus animam, dictam Favetam esse filiam naturalem ipsius domini Johannis Revronis, et ipsius Catherine. Ea propter gratis, etc., dedit, donavit, cessit et remisit donatione inter vivos eidem domini Johanni Revronis ibidem prœsenti, etc., dictam Favetam in ejus filiam naturalem, una cum omnibus juribus, in quibus, etc., divestiens, etc., investiens, etc. Promisit nihil fecisse et contra non venire, et hoc sub reffectione dampnovum, renunciavit, etc., exceptioni, etc., juravit, etc. De quibus, in forma. Actum Avinioni, in domo habitationis magistri Claudii Revronis, poterii stagni, dicti domini Johannis patris, præsentibus ibidem domino Bardino de Fraxino, præsbitero et priore ecclesie Sancti Genesii Avinionis, et Henrico Pullusini, diocesis Taurinensis, speciatore, habitatore Avinionis, testibus. Et me Johanne de Gareto, notario.

Dans le livre des notes brièves de Jean de Gareto, sans folio.

IV

Ms. 2812, fol. 276, 1518, 26 Mars, N° 99

Quietatio, cessio et remissio Stephani Augerii et Sebastianæ Piquete.

Anno Domini millesimo quingentesimo decimo octavo, et die vigesima sexta mensis Martii cum ita sit quod Sebastiana Piquete, uxor Stephani Augerii, dedevit et asseruerit fore et esse gravidam et concepisse liberum a Thomassio Urgassii, seu posthumam dederat ipsi Thomassio; propterea existens et personaliter constitutus dictus Thomassius Urgassii, qui gratis, etc., dedit, donavit, quietavit, cessit, et remisit dictis Stephano Augerii, et Sebastiane Piquete, dicto Stephano præsenti, acceptanti et tam nomini suo proprio, quam nomine dictæ Sebastianæ, videlicet omnia jura, omnesque actiones, quæ et quos habet in et super dicta filia nunc nata, vocata Alizia, filia naturali prædicta.

Et mediantibus præmissis, concessit idem Augerii cancellari obligatorium per me in favorem ipsius Sebastianæ, et contra ipsum Thomassium sumptum, promisit, etc., juravit, etc., Actum Rosseti, domui mei subscripti, præsentibus ibidem Guillelmo de Gorcio, Stephano Augerii, et Johanne Moreli, habitatoribus Rosseti. Et me notario subscripto = Charpini = Sic signatus in originali.

Se trouve à folio 221 du livre des notes brièves de Claude Charpini, no^e de Rosset, de 1507 et 1518, au pouvoir de M. Martinet de Rosset en 1789.

V

Ms. 2812, fol. 129, 1479, 19 juin N° 50.

Donatio filiæ pro magistro Henrico Mollini, notario publico, et ejus uxore, habitatoribus Avinionis.

Anno a navitate Domini millesimo quadringentesimo septuagesimo nono, et die decimâ nonâ mensis junii, magister Jacominus Buyrete, diocesis Cameracensis, furnerius, et honesta mulier Perrineta, ejus uxor, habitatores Avinionis ambo simul et quilibet eorum conjunctim et divisim, ipsa tamen Perrineta de et cum licentia, auctoritate et consensu dicti Jacomini Buyrete, mariti sui, ibidem præsentis, licentiam et auctoritatem maritales eidem Perrinete, uxori suæ quoad omnia et singule infrascripta per agenda donis, gratis dederunt, donaverunt, cesserunt et remiserunt magistro Henrico Mollini, notario publico, et honesta mulieri domine Margarite, ejus uxori, habitatoribus Avinionis, ibidem presentibus, etc., videlicet Dalphinam Buyrete, ætatis, ut dixerunt, septem annorum, vel circa, ibidem præsentem, ipsorum Jacomini et Perrinetæ conjugum filiam naturalem et legitimam, et hoc in eorum filiam adoptivam, sub pactis sequentibus : Primo enim fuit de pacto quod dictus magister Henricus Mollini et ejus uxor teneantur et debeant dictam Dalphinam tenere, regere et gubernare bene et honeste, ut eorum propriam filiam, eidemque providere de indumentis, potu, cibo, et omnibus necessariis; et dum erit ætatis matrimonio collocanda, eam matrimonio collocare, et de eorum bonis et facultatibus dotare bene et honeste juxta facultatem bonorum suorum, et statum persone ipsius Dalphine. Item, etiam fuit de pacto quod dicti Buyrete et Perrineta non possint neque debeant dictam Dalphinam eisdem magistro Henrico et ejus uxori removere neque removi facere per se nec per alium, directe nec per obliquum, imoque ipsa Dalphina teneatur eisdem Mollini et ejus uxori servire et esse fidelis et obediens ac si esset eorum filia.

Divestientes, etc., investientes, etc.

Promiserunt nihil fecisse et contra non venire et hoc sub refectione damnorum, etc.

Pro quibus dictæ partes obligaverunt se et omnia bona sua curiis camere apostolice spiritualis et temporalis Avinionis, et generaliter, etc. Renunciaverunt exceptioni, etc. Juraverunt, etc. De quibus, etc. In forma, etc.

Actum Avinioni in domo habitationis dicti magistri Henrici Mollini, præsentibus ibidem magistris Henrico Bernardi, diocesis Gebennensis, Stephano Sartoris, diocesis Carpens, et Christiano Rosseti, dictæ diocesis Gebennensis, omnibus conreatoribus habitatoribus Avinionis, testibus.

Et me Johanne de Gareto, notario, etc.

VI

Ms 2812, fol. 127, 1478, 16 Novembre, N° 42

(Fol. 119. — Des notes brièves de Bertrand Magné, nore du Thor, de 1478; au pouvoir de M. Flassang, nore au Thor, en 1779; M. Imbert, nore au Thor, devenu propriétaire en 1789).

Pro universitate Thori, promissio filie.

Anno qua supra (scilicet anno domini millesimo

quadringentesimo septuagesimo octavo) et die XVI mensis novembris, notum etc., quod cum universitas loci de Thoro, Cavallicensis diocesis, nutrire faceret, amore Dei, quamdam parvam filiam vocatam Agnès, dudum in capella Beate Marie pietatis extra muros dicti loci repertam, et hoc sumptibus ipsius universitatis et cum quidam Anthonius Auguerii, brasserius, et Johanna, ejus uxor, habitatores loci de Cenassio, pro eo quia quedam eorum filia, eodem nomine vocata, eis decessit, cupientes ipsam filiam loco illius tenere et tanquam eorum propriam nutrire requisiverunt sindicos dicte universitatis ut dictam filiam vellent eis remittere et dare nutriendam, se offerenter universitatem ab expensis presevare ab inde in anthea, datis per dictam universitatem pro ea induenda XVIII grossis pro una vice dumtaxat. Hinc siquidem fuit et est, quod personaliter, constituti nobilis et providus vivi Martinus Verdelini et Suffredus Aobricii, sindici et sindicario nomine universitatis predicti, loci de Thoro, qui insequendo ordinationem consilii super hoc factam hiis diebus proximi lapsis, gratis per se et suos in officio successores quoscumque, dictam filiam et omne jus quod habet universitas in eadem et cum onere quod habebat pro ea nutrienda, eisdem Anthonio et Johanne conjugibus, presentibus et recipientibus, dederunt et remiserunt, dictosque XVIII grossos per nobilem Bertrandum Riquirii, thesaurari eum solvi et expedixi fecerunt, de quibus fuerunt contenti, ipsam filiam acceptando, et tanquam eorum propriam recipiendo. Promittentes in super dicti conjuges, ipsa Johanna cum licentia dicti Anthonii, ejus vivi, presentis et licentiam dantis, se ab inde in anthea per in perpetuum dictam filiam tanquam suam propriam habere, tenere, regere et gubernare, deffendere et amparare ab omni malo et scandalo, necnon nutrire vestire, calceare, et dum fuerit etatis legitime in matrimonio collocare, eorumdem conjugum et suorum propriis sumptibus et expensis, et ipsam alibi non remittere, neque dicte universitati restituere nec aliquid petere pro expensis nec vita, sed ipsam universitatem ab omnibus damnis, sumptibus et expensis custodire et preservare; et dicti sindici illam eis non removere pro alibi tradenda, sub restitutione omnium damnorum. Pro quibus tenendis obligaverunt dicti sindici omnia bona dicte communitatis curiis totius comictatus dumtaxat, et dicti conjuges, ipsa Johanna, cum licencia qua supra, ambo simul et uterque eorum in solidum et pro toto se ipsos personaliter et omnia bona sua et suorum mobilia et immobilia presentia et futura curiis et carceribus Curiarum Thori, spiritualium et temporalium Avinionis, Carpent, Cavallicens, Insule Venaissini et totius Comitatus et domini auditoris, etc., necnon curie Cenassii, Aquensis et totius Comitatus Provincie, et cuilibet eorum et per pactum, etc., et ita juraverunt, etc., renunciaverunt, etc., dequibus, etc.

Actum Thori, in Curia dicti loci, presentibus testibus Augueto Fabri, Johanne Crevillioni et Guillelmo Vialis. — Et me Bertrande (Magni). Extractum ex actis notarum brevium magistri Bertrandi Magny, no^{ri}, dum viveret presentis Civitatis de Thoro, per me Angelum Bernardum Alexium Imbert, etiam no^{um} ejusdem Civitatis necnon dicti Magny scripturarum proprietarium, et debita collatione facta requisitam me subscripsi in fidem quorum. Thoro, hæc die 30 junii 1789.

IMBERT.

VII

Copie : Même manuscrit, fol. 40, d'après les notes brèves de Jean Morelli, notaire d'Avignon, registre de 1451, fol. 38.

Pro Johanne Bonsac, diocesis Tullensis, laboratore, cive Avenionensi, et Andrineta, conjugibus. Conductio filie. — Dicta die secunda februarii (1452), Huguetus Barbari, de Avinione, et Margareta, cum licentia et autoritate dicti ejus mariti, tradiderunt, locaverunt et assignaverunt predictis conjugibus simul et ultimo decedenti ex ipsis, videlicet Suffretam, filiam ipsius Margarete et predicti quondam Berengarii, in nono vel decimo anno sue etatis constitutam, ad educandum, nutriendum et alimentandum per dictos conjuges, ac regendum et gubernandum ac alias modo et forma infrascriptis, videlicet, quod dicti conjuges teneantur et debeant, prout promiserunt, ipsam filiam regere, alimentare et gubernare, erudire et castigare diligenter et discrete, tanquam eorum propriam filiam, atque bonis moribus erudire, et, adveniente tempore opportuno, eam juxta eorum posse et diligentiam matrimonio collocare et eam dotare eorum sumptibus et expensis, secundum quod eis videbitur honestius et utilius expedire, absque eo quod ipsa mater et ejus consanguinei et amici possint in aliquo impedire; et ipsi conjuges tenebuntur ipsam interim vestire et calciare eorum expensis in sanitate et egritudine, promittentes dicti tradentes prefatis conjugibus nunquam dictam filiam ab eis removere nec removeri facere, neque procurare, neque eam subornare ad recedendum, per se nec per aliam submissam personam, directe nec per obliquum...

TABLE DES MATIÈRES

DROIT DE GARDE DANS LA PUISSANCE PATERNELLE

PREMIÈRE PARTIE

HISTORIQUE

DEUXIÈME PARTIE

DROIT FRANÇAIS

Grande Imprimerie de Blois, 2, rue Haute.
Directeur-Gérant : Emmanuel Rivière, Ingénieur des Arts et Manufactures
X 3741.

Cet ouvrage a été imprimé par des ouvriers payés au tarif accepté par la Fédération des Travailleurs du Livre pour la région.

GRANDE IMPRIMERIE DE BLOIS.
Directeur-Gérant : Emmanuel Rivière, Ingénieur des Arts et Manufactures.

www.ingramcontent.com/pod-product-compliance
Ingram Content Group UK Ltd.
Pitfield, Milton Keynes, MK11 3LW, UK
UKHW022052260726
13993UKWH00001B/60